国别区域传媒与文化 | 系列教材 |

俄罗斯大众传媒与文化

Russian Mass Media and Culture

谢　飞◎著

中国传媒大学出版社
·北　京·

图书在版编目(CIP)数据

俄罗斯大众传媒与文化/谢飞著.--北京:中国传媒大学出版社，2024.10.

“国别区域传媒与文化”系列教材

ISBN 978-7-5657-3691-9

Ⅰ. G219.512

中国国家版本馆 CIP 数据核字第 20244JP360 号

俄罗斯大众传媒与文化

ELUOSI DAZHONG CHUANMEI YU WENHUA

著　者	谢　飞		
责任编辑	张继媛		
封面设计	拓美设计		
责任印制	李志鹏		
出版发行	中国传媒大学出版社		
社　址	北京市朝阳区定福庄东街 1 号	**邮　编**	100024
电　话	86-10-65450528　65450532	**传　真**	65779405
网　址	http://cucp.cuc.edu.cn		
经　销	全国新华书店		
印　刷	唐山玺诚印务有限公司		
开　本	787mm×1092mm　1/16		
印　张	12.5		
字　数	187 千字		
版　次	2024 年 10 月第 1 版		
印　次	2024 年 10 月第 1 次印刷		
书　号	ISBN 978-7-5657-3691-9/G · 3691	**定　价**	60.00 元

本社法律顾问:北京嘉润律师事务所　郭建平

序 言

俄罗斯是一个地域辽阔、民族众多的国家，其文化的多样性和复杂性不言而喻。从古老的斯拉夫文明到多元文化融合的现代文明，俄罗斯文化经历了漫长的发展历程。在这一过程中，大众传媒不仅是信息传播的主要渠道，也是塑造国家形象、反映社会动态和推动文化发展的重要力量。

俄罗斯传媒业经历了不同的发展阶段，每个阶段都有特定的特点。苏联时期的报刊和广播网遍布全国，在信息传播、文化教育、丰富人民文化生活方面做出了巨大贡献。苏联广播在发挥广播媒介优势、丰富广播报道体裁和形态方面也进行了创造性的探索，如现场报道、录音通讯、广播特写、广播访谈、实况广播、广播大会以及广播戏剧、文学节目、体育报道等，极大丰富了广播节目形式，也为世界广播的发展提供了宝贵的经验和借鉴。在苏联进入社会主义建设的新阶段后，广播不仅激发了人民参与国家经济建设的热情，而且在反法西斯的战斗中发挥了鼓舞人心、振奋士气的重要作用，为战争的胜利做出了贡献。苏联解体导致社会主义阵营在苏东地区瓦解，俄罗斯开始全新的改革。戈尔巴乔夫提倡“公开性”“自由化”，把媒介引向了失控，成为苏联解体的催化剂；叶利钦时代的全盘西化政策导致传媒成为金融集团的“舆论工具”和“附庸”。这一时期，俄罗斯文化建设停滞，主流文化缺失，民众的身份认同感降至冰点。普京执政后，倡导以“国家利益”为根本原则，传媒业进入国家控制下的市场化时期，国家作为传媒领域的宏观调控者,积极有序地推进市场化进程。这种国家控制下的市场化模式,不同于美国商业模式,也不同于公共模式,体现了俄罗斯传媒在经历剧变后遵循“国家利益”原则的独特国情特色。

当代俄罗斯注重历史、文化和民族精神,并倡导爱国主义。普京认为,传统文化是俄罗斯民族认同和国家稳定的重要基石,只有坚持和弘扬民族文化,才能在全球化的大潮中保持独立和自信,在国际舞台上树立独特的文化形象。

随着数字化和网络化的发展,俄罗斯大众传媒的形态和传播方式也在发生深刻变化。社交媒体、博客等新媒体平台的出现,为俄罗斯当代文化的发展提供了新机遇,也带来了新挑战。一方面,它使得文化的传播更加迅速和广泛,另一方面,也增加了信息的复杂性和多样性。

总体来说,俄罗斯大众传媒与当代文化之间的关系复杂而多元。未来的俄罗斯需要在保持传媒独立发展的基础上,加强对传媒的监管和引导,积极推动俄罗斯文化的健康发展。俄罗斯大众传媒在新时期也将继续秉持“俄罗斯新思想”的核心文化发展观,积极探索俄罗斯文化大国的重建之路。

本书从历时的角度较为全面、系统地梳理了俄罗斯大众传媒发展的历程,着重分析了俄罗斯大众传媒产生的历史背景、转型时期传媒业的变化、当代传媒业格局、新媒体发展以及国际传播体系的特征和传播策略,并对不同时期的文化政策加以解读,突出了俄罗斯大众传媒与文化的互动关系。本书在写作时注意收集一手的文献资料,保持开阔的视野,保持历史性与时代性的统一,同时也注重理论与实践相结合。本书各章节内容相对独立,但又密切关联,构成有机整体。每一章节后附有思考题,便于读者进行内容理解与辩证思考。

由于作者水平之限,本书难免出现错误、疏漏和不妥之处,衷心期待专家、同行们的批评指正。

目 录

第一章　沙俄时期报业的诞生与发展

俄罗斯报刊业早期发展经历了一个漫长的过程。1703 年，沙皇彼得一世（Пётр I）创办了《新闻报》，标志着俄罗斯近代报刊的诞生。在此后二百年的发展历程中，报业一直处于封建集权制度的控制之下，发展十分缓慢，规模小、种类少，发行范围也十分有限。为了加强对报刊的管理，在叶卡捷琳娜二世（Екатерина II）时期确立了书报"审查制度"，之后，历代沙皇一直沿用。到 19 世纪初，在亚历山大一世（Александр I）时期，书报审查制度有所变革。这一时期比较有名的报刊有《莫斯科新闻》《欧洲导报》，以及在俄国解放运动中涌现出来的《俄国言论》（1859—1866）、《火星报》（1859—1873）。总体而言，沙俄时期的报刊是为统治者维护自身的统治地位而服务的，虽然也出现过革命党人创办的报刊，但沙皇给予他们的自由是十分有限的。1917 年的二月革命结束了俄国的封建统治，取缔了沙皇所办的各种官方报刊以及其他反动势力的报刊。随着马克思主义在俄国的传播以及十月革命的胜利，报刊业蓬勃发展起来。

第一节　彼得大帝文化改革

自公元 9 世纪末基辅罗斯创立开始，俄罗斯先后经历了基辅罗斯时期、鞑靼-蒙古统治时期、莫斯科公国等若干个历史发展阶段,并在14—15世纪逐渐强大起来,最终在莫斯科公国的率领之下,众公国成功摆脱了鞑靼-蒙古的统治,并逐步建立起独立国家。1547年伊凡四世(Иван Ⅳ Грозный,1530—1584)成为俄国历史上的首位沙皇,在他的治理下中央集权制国家逐渐建立起来。伊凡四世奉行对外扩张政策,他带领俄国军队一路向东扩张,在此后的一个多世纪中越过乌拉尔山并征服了西伯利亚的大部分地区。后伊凡四世因中风离世,他的儿子——先天智力低下的费奥多尔一世(Фёдор Ⅰ Иванович,1557—1598)继承皇位。因费奥多尔无子嗣,故1598年他病故之后,持续统治736年的俄国第一个王朝——留里克王朝绝嗣而终,自此俄国开始了为期15年的"混乱时期"(Смутное время)。

这一时期俄国内部权力斗争激烈,外部遭遇波兰侵略者进犯,最终由波扎尔斯基(Дмитрий Пожарский)和米宁(Кузьма Минин)领导的农民起义成功将波兰侵略者赶出莫斯科,从而宣告结束"混乱时期"。1613年,全俄罗斯领主会议公推伊凡四世妻子的侄孙米哈伊尔·罗曼诺夫(Михаил Романов)为俄罗斯皇帝,历史也进入了罗曼诺夫王朝统治时期。罗曼诺夫王朝在第五任沙皇彼得一世(Пётр Ⅰ,1672—1725)统治时期达到了国力巅峰。1682年,年仅9岁的彼得登基,同时登基的还有罗曼诺夫王朝的第四位沙皇伊凡五世(Иван Ⅴ)。这种两位君主同时在位的情况被称为共治,值得一提的是在欧洲历史中这种共治现象时有出现。尽管名义上彼得一世与伊凡五世共治,但由于彼得一世登基时年龄尚幼,伊凡五世体弱多病且先天智力低下,所以朝政实际上掌握在彼得一世同父异母的姐姐索菲亚公主手中。1689年,彼得一世发动政变,从索菲亚公主手中夺取了政权,此后在他的治理下,沙皇俄国的国力不断提升,最终发展成为俄罗斯帝国,彼得一世本人也成为俄国历史上的第一位大帝,史称"彼得大帝"(Пётр Великий)。

一、彼得大帝文化改革的背景

尽管成功夺权,但是彼得一世的国家治理之路并不顺利,17 世纪末的沙皇俄国面临内忧外患,正处在百废待兴之中。从外部看,17 世纪末的世界格局已经发生了根本性变化,以荷兰和英国为代表的欧洲国家已经确立了资本主义生产关系,新兴资本主义国家开始逐步将政治利益和国家利益放在优先考虑的位置。同时,在这一时期世界格局变化的影响因素日趋复杂,地理位置、军事实力、经济收入、当权者的治理能力等都成为影响各国力量对比的重要因素。彼时的沙皇俄国仍在欧洲大陆东部偏安一隅,国内的生产关系仍停留在封建农奴制阶段,这显然落后于新兴的欧洲资本主义国家。在这样的背景下,沙皇俄国亟须进行改革,以缩小与欧洲新兴资本主义国家的差距,进一步增强国力,巩固和提升在国际格局中的地位。

从国内形势看,当时沙皇俄国在各个领域都处在落后水平。尽管沙皇俄国坐拥优越的地理位置和丰富的自然资源,但国力衰弱让其无法充分发挥自己的区位优势和资源优势。在政治方面,索菲亚公主及其依附势力在被夺权后开始积蓄力量,伺机复辟,这给新上任的彼得一世治理国家带来了极大的阻力。在经济方面,彼时沙皇俄国的农业发展乏力,工业基础薄弱,发展模式无法给国内工农业发展提供足够的动力,加之没有像其他欧洲国家一样确立资本主义生产关系,沙皇俄国的经济发展进一步受阻。在文教方面,彼时俄国社会文盲率高达 95%,教育发展较为滞后,且国内仅有的学校以教会学校为主,世俗科学的发展几乎处于空白状态。文化教育的落后直接导致科技发展驱动力不足,严重制约了沙皇俄国的科技发展水平。在军事方面,沙皇俄国虽然濒临太平洋和北冰洋,拥有海洋区位和资源优势,但没有属于自己的出海口,甚至没有正规海军,这种状况一方面严重制约了其经济发展,另一方面也明显削弱了其军事实力。在亚速战争和北方战争这两场 18 世纪初期的重要战争中,沙皇俄国在战争初期都因为港口和海军的劣势而处于被动状态，以至于经历了长达 21 年的北方战争，才成功从瑞典人手中取得了波罗的海的出海口。面对如此疲敝落后的国内环境，彼得大帝亟须进行大规模改革，以改善国内环境，提升国家实力，促进国家发展。

二、彼得大帝文化改革的内容

彼得大帝开展了大规模的改革，改革涉及政治、经济、文化、军事、社会生活等各领域，其中文化领域的改革是彼得大帝改革的重要组成部分。

首先是科教领域的改革。针对俄国境内只有教会学校、世俗科学发展滞后的弱点，彼得大帝在位时期大力兴建世俗学校。据不完全统计，彼得大帝在位期间俄国新建的世俗学校达数十所之多，其中最著名的是建于 1701 年的莫斯科数学航海学校（后迁至圣彼得堡）。该学校在创建过程中得到了英国著名数学家、天文学家安德烈·弗哈森和航海学家格文·格列伊斯的帮助，学校以教授数学和航海学知识为主要任务。除此之外，彼得大帝在任时期先后建立了各类军事和警备学校、工程类技术学校、医科和外语等专科学校、开展通识教育的国立小学等各类学校数十所。虽然这些学校的专长各不相同，但有一个共同特征——这些学校教授的都是世俗科学，这一点与俄国传统的教会学校有着本质区别。世俗科学的逐渐普及不仅有助于提升国民素质，同时还为俄国科学技术的发展打下了人才基础。

彼得大帝的下一个目标是大力发展科学研究事业。早在 1718 年彼得大帝就着手建立俄国科学院，经过 6 年的筹备，俄国科学院于 1724 年 1 月 28 日正式成立。俄国科学院下设数学、物理和人文科学三大门类，同时还有自己的附属中学和小学。彼得大帝不仅每年专门拨款支持科学院开展科研工作，还专门强调要给予科学院院士优厚的待遇。在政府的大力支持下，俄国科学院逐渐成长为与巴黎科学院、伦敦科学院齐名的欧洲三大科学院之一。俄国科学院的另外一个显著特点是注重理论与实践结合、科研与应用结合,研究者需要把自己的科研课题与俄国实际需要紧密结合起来,以指导手工工场的生产不断向前发展,从而使工场手工业收到最大效益。

其次是风俗习惯上的改变。除了科教领域,彼得大帝的文化改革还涉及俄国人的风俗习惯。早在 1696 年彼得大帝就曾派出大使团赴西欧考察,他本人也曾经到多个西欧国家实地参观考察,考察的目的不仅是学习西方在数学、船舶制造等领域的先进知识与技术,还包括了解西方的文化传统和风俗习惯。深受西方风俗习惯影响的彼得大帝决定对本国的传统习惯进行改革,使其更加欧洲化。1697 年彼得大帝决定废除 1634 年颁布的禁烟令,允许在俄国境内吸烟和进行烟草买卖;一年后彼得大帝又颁布法令禁止俄国男人蓄须;1700 年彼得大帝颁布法令,规定在公共场合女士须穿着匈牙利式连衣裙,并派专人在公共场合检查民众的着装情况。除了日常生活,彼得大帝还参照欧洲通用的公元纪年法对俄国的历法和纪年法进行了改革,自 1700 年起俄国开始采用公历纪年法,新年也从以前俄历的 9 月 1 日调整为公历的 1 月 1 日。

值得一提的是,彼得大帝对俄国风俗习惯的改革在很多方面是具有颠覆性意义的,改变了俄国人几百年来形成的生活习惯。以剃须令为例,在 17 世纪及其以前,蓄须是俄国男人尊严的象征,彼时的男性以蓄须为荣。在大使团出访欧洲以及彼得亲自到欧洲游历后,见到当时西欧男性不留胡须,于是决定在国内颁布法令,规定俄国男性不得蓄须,有胡须的必须剃掉,如有抗拒则会被强制剃须。彼得本人做出表率,剃掉了胡须,并且帮身边人剃了须。剃须令从根本上改变了俄国数百年来形成的习惯,这种颠覆性改革遇到的阻力是可想而知的。彼得大帝改变本国风俗习惯,使国民适应欧洲文化传统的决心和魄力可见一斑。此外,摒弃沿用数百年的俄国历法,启用欧洲通用的公元纪年同样是彼得大帝决心向欧洲学习的一个范例。彼得大帝在风俗习惯方面的改革措施无疑有助于促进俄国人民了解欧洲,熟悉欧洲文化,进而为促进俄国在其他领域的进步打下一定的基础。

最后是文学艺术领域的改革。彼得大帝在文学艺术领域的改革有三方面突出特点:一是促使俄国的文学艺术摆脱宗教和神学的限制。在彼得的倡导下,俄国文学艺术领域逐渐摒弃了17世纪之前充满宗教和神学色彩的选题(如上帝、天堂和地狱等),艺术创作开始关注人民的现实生活,出现歌颂自然,赞美爱情,描写战争、英雄人物和普通人生活的题材,标志着这一时期俄国文学艺术创作中的现实主义属性逐渐增强。二是文学艺术领域开始广泛地向欧洲学习。18世纪的前20年,在大力兴建剧院、组织管弦乐队和合唱团的同时,彼得大帝先后派遣国内杰出的青年艺术家赴欧学习,足迹遍布英国、法国、意大利等国家,学习内容涵盖音乐、绘画、雕塑、建筑等门类。三是彼得大帝利用文学艺术领域的改革树立个人形象,不管是在当时的歌颂性抒情诗中,还是在各类肖像画、雕塑中都能看到彼得大帝的形象,且这种形象多是正面的。彼得大帝这样做的目的是在俄国民众心目中树立自己的正面形象,借以影响舆论,同时这种方式还可以作为与反对改革的顽固派斗争的工具。从本质上说,彼得大帝在文学艺术改革中树立个人形象是为巩固政权服务的。

三、彼得大帝文化改革的结果与影响

彼得大帝的文化改革前后持续20多年,此次改革取得了一系列成果,对其他领域的改革和发展起到了一定的助力作用,具体而言包括以下几方面。

第一,世俗教育的兴起和世俗科学的发展让俄国在科教领域逐步摆脱了宗教神学的枷锁,此举无疑有助于俄国近代科学的发展和教育的进步。世俗教育的兴起推动了相关教材的编写工作,在此期间一系列语言、数学等领域的教科书相继问世,为相关学科的发展积蓄了力量;科学院的成立促进了地理学、天文学等自然科学以及语言学、历史学和考古学等人文科学的发展。

第二,科学、教育、文学、艺术等领域的改革提升了当时俄国国民的整体素质和受教育程度。在彼得大帝上任之初俄国的识字率仅为个位数,后来随着各类普通教育和专业教育学校的开设和发展,更多的国民有机会接受教育,国内的文盲率大大降低。文学艺术领域出现了越来越多贴近生活的现实主义题材作品,为普通民众创造了更多接受文学艺术熏陶的机会,提升了俄国国民的整体素质。

第三,大规模的国际交流使俄国变得更加开放,也使俄国文化开始受到西欧文化的影响。文化改革期间彼得大帝鼓励大规模开展面向欧洲的交流学习活动,不仅派遣了规模庞大的大使团,还选派各领域杰出青年人才赴西方学习考察,他本人也参与了学习欧洲的活动。如此大规模的国际交流活动给俄国带来的不仅有先进的科学技术,还有欧洲的文化传统和风俗习惯。从某种意义上说,此次文化改革进一步打开了俄国的国门,改变了以往俄国偏安一隅的状态,使俄国文化开始受到西欧文化的影响。

与此同时也应该看到彼得大帝文化改革的局限性。从目的来看,此次文化改革是为巩固政权服务的,因此政治因素也成了此次文化改革中的一个隐形驱动力。也正因如此,彼得大帝在推行文化改革的过程中不惜采取强力措施来确保改革的进行。彼得大帝西化的指导思想也使英国、荷兰等欧洲新兴资本主义国家成为俄国此次文化改革的榜样与标杆,但从长期来看,这种一边倒的态势不利于俄罗斯民族文化的继承和发展。

第二节 近代报业的诞生

在逐步建立中央集权制统一国家的过程中,俄国的语言和文字也在不断地发展和普及,印刷品的出现和发展在此过程中发挥了重要作用。早在 15 世纪末期俄国就已经出现了活字印刷,1553 年,出现了第一批印刷图书。16 世纪 60 年代,伊凡四世出资在莫斯科创建了一所官办印刷所,由伊万·费德罗夫(Иван Фёдоров)管理,伊万·费德罗夫也成为俄罗斯印刷出版业的奠基人。1564 年 3

月1日,该印刷所印刷了《圣徒列传》(《Апостола》),这是俄罗斯第一部正式印刷书刊;1574年,又印刷了俄罗斯第一部课本《识字课本》(《Букварь》)。16—17世纪,该印刷所成为当时最大的书刊印刷机构,共印刷约500本书籍,内容涉及自然、历史、文学、军事、法律、语法和世俗等。这些印刷品的出版发行在一定程度上起到了推广俄国语言文字、提升国民素质和文化水平的作用,同时也为俄国近代报业的兴起奠定了基础。

俄语中的"газета"(报纸)一词来自意大利语词汇 gazetta,最初指的是一种硬币,当时这种面额的硬币刚好够用来购买一条记录商业信息的书面消息,后来这种表示书面消息价格的硬币名称逐渐变成了报纸的代名词。欧洲的报业兴起较早,早在17世纪初法国斯特拉斯堡就出现了每周发行的报纸《Relatio》,彼时的俄国还没有出现报纸,当时的皇室为了了解信息,需要专人对国外报纸进行翻译和转写。翻译和转写的报纸大多来自德国、荷兰、波兰、瑞典等国,内容涉及战争、使节来访、商船信息、天文发现等。俄国政府有专人负责外国报纸的甄选和翻译,并将其誊写在细长的纸上供沙皇阅读。这种依靠人工转写和翻译的手写报纸被称为"信件"(Вестовые письма)或"时事"(Куранты)。

彼得大帝掌权后情况开始发生了变化,从欧洲游历归来的彼得一世不满足于阅读经专人挑选和翻译的外国报纸,想要创办俄国自己的报纸,借此让俄国民众了解政府政策、军事行动、国内外社会生活等信息,并最终达到宣传自己的军事政策和经济政策的目的。1702年12月15日彼得一世下令出版一份报纸。该报以手抄形式发行了两期。1703年1月2日,该报第一期印刷版出版了,其全名为《莫斯科和邻国发生的值得了解和记忆的军事和其他事务的公报》,简称《新闻报》。起初,《新闻报》是用教会斯拉夫语字体印刷的,且出版发行极不规律,没有统一的价格,甚至有时候连名称都不固定,报纸版面从2版到22版不等。1710年开始该报以世俗字体印刷,发行量从160份到4000份不等。1719年,彼得一世定都圣彼得堡,《新闻报》也迁至新首都,并更名为《圣彼得堡新闻报》。彼得一世对《新闻报》十分重视,他曾亲自参与报刊内容的挑选、审核与校对工作,现存的一些副本中仍然保留着彼得编辑的痕迹。1725 年,彼得一世病逝。1728 年,《新闻报》由俄国科学院接管,由不定期出版改为每周二出版,同时出版副刊《新闻报的历史、沿革和地理的每月注释》,这份副刊是俄国历史上第一份官办杂志。

科学院接管《新闻报》后,这份俄国历史上的第一份官办报纸有了进一步的发展,质量也有所提升。1748—1751 年,俄国著名科学家罗蒙诺索夫任《新闻报》主编。这一时期的《新闻报》以科学、文化、教育宣传为主要内容,在普及科学文化知识、提高国民素质等方面发挥了重要的作用。1800 年,《新闻报》改为日刊,从而成为俄国最早的日报。1861 年俄国废除了农奴制,资本主义经济得到发展,报刊民主化的程度亦有所提高。1863—1874 年,自由派政治家科尔什任《新闻报》主编。在科尔什的主持下,该报经常刊登文章宣传民粹主义观点。1872 年,马克思《资本论》的俄文版出版后,《新闻报》在"书报评介栏"内刊登了一篇评论《资本论》的文章,说《资本论》的出版是俄国经济界的一件大事,并认为该书科学水平很高,通俗易懂。科尔什是一个民粹主义者,他评价《资本论》的目的,是说明马克思主义不符合俄国国情。尽管如此,沙皇对该报仍不放心,1875 年命国民教育部接管《新闻报》。在俄国无产阶级革命时期,该报经常发表文章,对俄国社会民主工党进行攻击、诽谤。列宁曾于 1912 年 7 月 15 日在《真理报》上发表《俄国的"言论自由"》一文,对此予以反击。十月革命胜利后,《新闻报》慑于革命的威力于 1917 年底停刊。

《新闻报》是俄国历史上第一份官办报纸,它的出现标志着俄国近代报业的兴起。在两个多世纪的时间里,《新闻报》在重重困难中不断发展和完善,作为俄国近代报刊史上创办最早、存在时间最长的官报,《新闻报》不仅起到了向民众介绍和解释国内外发生的重大事件、让民众了解其他国家和民族的生活状况等作用,更关键的是承担着传播文化知识、宣传国家军事和经济政策的重要任务。

第三节 民办报刊的出现

一、罗蒙诺索夫与莫斯科大学的建立

报纸的出现极大地推动了俄国文化事业的发展,但彼得在改革之初只允许官办报纸在国内发行。官办的报纸多为消息性报纸,其作用是提供信息,向读者介绍事件,这种单一的形式无法满足文化发展带来的多样化需求。在这样的背景下,俄国的进步人士开始探索新的报业发展道路。

其中最重要的代表人物便是罗蒙诺索夫(М.В. Ломоносов)。在俄国科学院工作期间罗蒙诺索夫目睹了一批年轻学者的成长与成名,如自己的学生波波夫斯基(Н.Н. Поповский)、以诗歌和悲剧而闻名的年轻作家苏马罗科夫(А.П. Сумароков)、在文学方面崭露头角的贺拉斯科夫(М.М. Херасков)等。见证了一批年轻有为的学者和作家的成长之后,罗蒙诺索夫逐渐萌生了在俄罗斯建立大学的想法。罗蒙诺索夫的才华和魄力得到了时任俄国女皇伊丽莎白·彼得罗芙娜(Елизавета Петровна Романова)身边的达官贵人舒瓦洛夫(И.И. Шувалов)的赏识。罗蒙诺索夫曾多次向舒瓦洛夫申明开办大学的重要性和迫切性,舒瓦洛夫逐渐和罗蒙诺索夫达成了共识,决定帮助他实现这一设想。在两人的共同努力下,1755 年 5 月 7 日俄国第一所大学——莫斯科大学(Московский Государственный Университет, МГУ)正式宣告成立,日后莫斯科大学成为俄罗斯国内历史最悠久的高等学府。后人为了纪念罗蒙诺索夫,以其姓氏为莫斯科大学命名,学校全称为莫斯科国立罗蒙诺索夫大学(МГУ им. М.В. Ломоносова)。

莫斯科大学成立之后,罗蒙诺索夫马不停蹄地开始了下一项工作。在他的

努力下，1756年3月5日，俄国颁布政令，允许莫斯科大学建立自己的印刷厂。在当时来看此举无疑是具有开创性意义的，它不仅促进了俄国教育、科学和文学的发展，同时也为民办报刊的出现创造了可能。

二、俄国第一份民办报纸《莫斯科新闻》

有了莫斯科大学印刷厂，罗蒙诺索夫便开始积极筹办报纸和杂志。1756年4月26日莫斯科大学发行了校办报纸《莫斯科新闻》。《莫斯科新闻》是俄国历史上第一份非官办报纸，在创办之初其主办方为莫斯科大学，从1763年起《莫斯科新闻》的主办权连同莫斯科大学印刷厂一起面向私人租赁，进一步推动了民办报刊的发展。创办之初，《莫斯科新闻》每周发行两次，每份报纸共8页，1842—1859年间发行频次增加为每周三次，1859年之后该报纸的发行频次进一步提高，改为除周日和节假日之外每天发行，年发行总次数达到约300次，如此之高的发行频率在当时的俄国报纸中是十分罕见的。相比官方发行的《新闻报》，作为民办报纸代表的《莫斯科新闻》具有以下特点。

在内容上，《莫斯科新闻》比官办的《新闻报》更加丰富。《新闻报》的办报宗旨决定了它是一份以传递信息为主要功能的报纸，因此刊载的也多为事实性和信息性的内容，如国内外发生的各种事件、政府的方针政策、其他国家人民的生活等。而《莫斯科新闻》作为由莫斯科大学主办的报纸，其主要目的是传播新知识和新思想，促进俄国青年人才培养以及科学、文学等领域的发展，因此该报刊载的内容中既有事实性、信息性成分，也有知识性、概念性成分。另外，作为校办报纸的《莫斯科新闻》在创办之初刊载的内容时常涉及莫斯科大学举办的各项大型活动、课程与讲座、学生论文、学生学习成绩及获奖情况、新书售卖信息等，有时还会刊登皇室大事记等官办报纸中无法看到的内容。

从编审人员来看，《新闻报》是官办报纸，编辑和审稿人员出自相关职能部门，办报初期甚至彼得大帝本人都曾参与审稿。《新闻报》的编审人员多从事政务工作，政治因素会不同程度地影响编审过程。《莫斯科新闻》是民办报纸，编审人员多为来自不同领域的学者，如办报初期的几位主编中，首任主编巴尔索夫（А.А. Барсов）和后来的波波夫斯基为文学教授，维尼亚米诺夫（П.Д. Вениаминов）为医学教授，切博塔廖夫（Х.А. Чеботарёв）为演讲学和历史学教授。主编的学术背景保证了《莫斯科新闻》所刊登内容的质量，提升了其科学性，且政治因素对内容的影响相对较小。

在运营模式上，作为官办报纸的《新闻报》，其发行和运营由皇室下属的专职部门负责，自然无须担心经费问题，因此可以将全部版面用于刊登正式内容。作为民办报纸的《莫斯科新闻》，其运营工作需要由主办方莫斯科大学负责，同时没有稳定的经费支持，对于一份新创办的报纸而言解决生存问题是实现其他目标的前提和保障，因此《莫斯科新闻》的主办者们不得不想方设法创造经济收入，解决报纸的生存问题。《莫斯科新闻》创收的主要渠道是广告，在罗蒙诺索夫的不懈努力下，《莫斯科新闻》获得许可，可以有偿刊登皇室及个人的广告，此举不仅开创了俄国民办报纸刊发广告的先河，同时也成为创办初期的《莫斯科新闻》主要的收入来源。最初这些广告是与官方消息（包括公告、国内外新闻、战况信息等）一同作为报纸正式内容刊登的，在后来的发展中这些有偿广告信息被集结在专版中刊发。1763 年之后，《莫斯科新闻》连同莫斯科大学印刷厂被租赁给私人，自此租金也成为该报的收入来源。

1779 年，《莫斯科新闻》迎来了发展过程中的又一个转折点——俄国杰出的启蒙学者、思想家诺维科夫（Н.И. Новиков）成为该报主编。在接下来的十年中《莫斯科新闻》实现了质的飞跃。诺维科夫担任主编时期的《莫斯科新闻》的内容更加丰富，除已有栏目之外，还增加了哲学、文学、艺术、科学和统计学等方面的文章，以此来吸引更多的读者。此外，诺维科夫在任期间还推动了《莫斯科新闻》开辟若干专版，如刊登商业信息的“经济”专版、面向儿童读者的“儿童心灵智慧阅读”专版、“自然历史与理化”专版等，这些专版多以收费形式提供，这也成为该报的收入来源之一。1783—1784 年间《莫斯科新闻》又发行了增刊，诺维科夫担任编辑，增刊主要刊登国际贸易、教育学、各民族风俗习惯等方面的内容。随着内容的不断丰富，《莫斯科新闻》的发行量也显著提升，诺维科夫担任主编之后，该报的发行量从600份逐渐增长到4000份，发行量的提升也标志着报纸的影响力逐渐扩大。利用日渐提升的影响力，诺维科夫常在报纸上发表文章，谴责地主和农奴主对农奴的残酷剥削，揭露俄国社会弊端。在他及其他有识之士的不懈努力下，该报成为宣传民主主义思想的阵地。诺维科夫在任十年间《莫斯科新闻》的面貌焕然一新，无论是内容质量、发行量、影响力还是经济收入都有了显著的提升，这一时期也是该报发展的十年黄金期。

诺维科夫卸任之后，《莫斯科新闻》逐渐丧失了先前的社会地位，直到19世纪中叶《莫斯科新闻》才又逐渐发展成为俄国领先的刊载文学和社会政治内容的自由主义报刊，彼时该报的主编是两位亲西方的自由主义知识分子——科尔什（Е.Ф. Корш）和卡特科夫（М.Н. Катков）。在此后的几十年中《莫斯科新闻》的发展受到重重阻碍：先是19世纪八九十年代，该报因批判官方、纵容自由派和改革派而频繁受到审查制度的威胁。1887年卡特科夫去世后该报的影响力大不如前，发行量也从19世纪60年代巅峰时期的1.2万份缩减到6000份。卡特科夫死后，《莫斯科新闻》落入保守势力手中，逐渐沦为反对革命的右翼势力的宣传工具。20世纪初《莫斯科新闻》大规模刊登反对革命的内容，政治立场也开始摇摆不定。1917年8月31日最后一期《莫斯科新闻》发行之后，这份存在了160余年的俄国第一份民办报纸宣告停刊。

三、民办杂志的出现和发展

《莫斯科新闻》的诞生标志着俄国开始出现非官办报刊，该报的成功无疑促进了俄国民办报纸的发展。这一时期俄国还出现了另一种新的民办出版物形式——民办杂志。

1755年1月，罗蒙诺索夫在舒瓦洛夫的帮助之下又筹划出版了名为《每月文集》的民办杂志。该杂志带有浓厚的学术色彩,在杂志上发表文章的多为当时各领域的著名学者,如文学作家苏马罗科夫和贺拉斯科夫、经济学专家雷奇科夫(П.И Рычков)等。虽然《每月文集》的发行量不大,影响也较为有限,但它的出现为之后其他民办杂志的出现打下了一定的基础。

俄罗斯学界公认的俄国近代第一份民办杂志是于1759年发行的《勤劳的蜜蜂》,主办者为苏马罗科夫。他解释说,杂志名字的寓意为希望读者像勤劳的蜜蜂一样,在这本杂志中找到各种所需的有用知识。该杂志为月刊,发行量1200册,主要面向当时的俄国贵族。杂志也受到后来成为俄国女皇的叶卡捷琳娜二世的喜爱。但杂志经常刊载针砭时弊的批判性内容,故招来了当时俄国贵族的不悦。最终该杂志在发行当年的年底便匆匆停刊。虽然《勤劳的蜜蜂》的存在时间极短,但作为真正意义上的私营杂志,它的出现推动了18世纪俄国民办杂志的发展。

此后,俄国发行了一系列民办杂志,包括诺维科夫的《雄蜂》和《画家》、冯维辛(Д.И. Фонвизин)的《诚实者的朋友》、克雷洛夫(И.А. Крылов)的《观众》和《灵魂邮件》等。这些杂志大部分属于文学性杂志,而且内容都带有明显的讽刺意味。诺维科夫的杂志通常会以农奴制、地主的残酷剥削、俄国贵族对法式生活的趋之若鹜等社会问题为主要内容,利用讽刺手法进行批判。正如《雄蜂》杂志题记所说的那样:“他们在工作,而您侵吞了他们的劳动果实。”针对同样的问题,克雷洛夫选用了另一种方法,这位俄国语言大师借现实社会中不存在的灵魂、神灵、妖魔鬼怪等虚拟形象之口,以讽刺的形式批判俄国贵族的奢靡生活,声讨地主的残酷剥削,揭露官员贪腐的丑态。

由于立场上的对立,这些讽刺性的民办杂志与官办杂志间时常发生尖锐冲突,最典型的案例是诺维科夫主办的杂志与官办杂志《万象》之间的冲突。《万象》是俄国女皇叶卡捷琳娜二世在公爵夫人达什科娃(Е.Р. Дашкова)的协助下于1769年创办的杂志,《万象》代表的是俄国贵族的声音,与诺维科夫主办的民间杂志立场不同,于是两类杂志间爆发了激烈的论战冲突。在冲突中诺维科夫直接对叶卡捷琳娜二世进行讽刺,而叶卡捷琳娜二世则在杂志中予以还击。后来叶卡捷琳娜二世动用强力手段禁止诺维科夫、冯维辛等启蒙民主派人士的杂志出版,但这些民办杂志揭露了俄国皇室、官僚、地主的虚伪面目和社会中存在的问题,对于当时的俄国民众,特别是进步人士是极大的启发和鼓舞。

总体来看,这一时期俄国民办出版物的生存和发展面临重重阻力。一方面,需想方设法解决资金支持问题;另一方面,随时面临来自当权者的压力,尤其是在女皇叶卡捷琳娜二世当权的 18 世纪后期,对民办出版物的打压力度不断加大,其生存空间也在不断被压缩。但即便生存条件如此恶劣,俄国的民办出版物依然顽强地生存和发展着,它们的存在对思想进步和社会发展具有不可替代的意义。民办出版物的发展为知识分子和民众带来了更加丰富和多元化的信息,提供了不同于官办报刊的视角,这对于当时的进步人士尤为难能可贵。另外,非官方出版物的主办者多是受法国启蒙主义思想影响的进步人士,报刊和杂志是宣传思想和政治主张的重要阵地 —— 要确立更加先进的社会制度,就必须推翻国内的封建制度和农奴制度。这种思想上的启蒙推动了进步思想在俄国的传播,对俄国民主运动的开展起到了一定的推动作用。

第四节　叶卡捷琳娜二世时期的审查制度

一、审查和审查制度

俄语中的“审查”一词(цензура)来自拉丁语中的 census,原指古罗马时期为了划分阶层而定期进行的财产评估,此外该词还可以指根据所享有的权利划分国籍。后来 цензура 一词的意思演变为国家机关对信息内容及信息传播的管控,包括对书籍、报纸、杂志等印刷品,音乐和戏剧作品,造型艺术作品及影视剧作品等的管控。审查的历史非常久远，俄罗斯历史学家格里亚耶娃（T. M. Горяева）认为，当一部分人拥有了权力和财产并企图将自己的意志强加给其他人时，便产生了审查。《简明犹太百科全书》记载，早在公元前 7 世纪至公元前 6 世纪犹太国王约雅敬（Jehoiakim）就曾下令摧毁先知耶利米（Jeremia）的预言手稿；《大英百科全书》也记载了古希腊哲学家普罗塔哥拉（Protagoras）的关于神灵的书籍被烧毁的事件；同时期的柏拉图（Plato）还曾建议颁布禁令，以消除文艺作品对人们的不利影响。这些都可以被视为审查的早期形态。

随着历史的演进，信息发布和传播的效率不断提升，传播的方式不断丰富。为了巩固和强化自己的统治，当权者愈加看重对信息发布和传播的控制，这也推动了俄国审查制度的发展。审查制度一般由多项措施组成：在立法层面，通过颁布相关法令，限制甚至禁止发布和传播特定信息；在行政层面，设立专门的审查机构并责成专门的审查员从事相关工作；在司法方面，采用各种惩戒措施（包含强制措施）对不符合审查要求的人员、单位和信息产品进行处理，包括销毁、关停、流放、入狱等。

二、俄国审查制度的发展

俄国审查的雏形出现于公元 9 世纪下半叶的基辅罗斯时期，虽然在时间上晚于犹太人和古希腊人，但俄国的审查同样是当权者为了巩固政权而开始实行的。1073 年基辅罗斯出现了第一份禁书名录，这份名录是从保加利亚国王西美昂一世（Симеон I）制定的名录转写而来的。在之后的几百年间罗斯境内又出现了若干份类似的名录，且这些名录都是从其他语言翻译或转写而来的，直至 14 世纪才出现第一本权威的古罗斯禁书名录。从 14 世纪到 16 世纪初，俄国发行的各类禁书名录种类繁多，在此期间禁书的数量也不断增长，说明这一时期俄国的审查力度在不断加大。审查在俄国第一次获得官方承认同样是在 16 世纪，1551 年在莫斯科召开了一场大规模的教会会议，史称“百章会议”，在记录这场会议结果的文件《百章》中首次正式出现“审查”的概念,当时审查的目的是对抗异教徒和分裂分子,防止违背宗教教义和宗教文本的思想传播。自此罗斯的历史上开始出现“审查”这个概念,《百章》也成为罗斯历史上第一份审查领域的文件。《百章》是在俄罗斯语言文字不断发展、文学作品大量涌现的背景下颁布的,由于新出现的文学作品并非总是符合宗教教义以及国家政策,因此需要采取相应的审查手段予以控制。《百章》颁布后的十年内,俄国又相继颁布了一批对其进行解释和完善的文件及规章,这标志着当时的审查力度进一步加大。根据当时的审查规定,发布异端思想的人将会被禁止在境内从事印刷出版等活动,很多违反审查规定的人为了维持生计不得不逃往国外,其中包括被称为俄国书籍出版之父的伊万·费奥多罗夫(Иван Фёдоров)等知名人士。

17 世纪,俄国的审查不仅保留了其宗教性质,还开始带有地域色彩。17 世纪的俄国开始禁止出版在现乌克兰和白俄罗斯境内出版发行的图书,一个典型的例子是 1626 年在基辅大主教约夫·波列茨基(Иов Борецкий)的倡议下,在莫斯科出版了拉夫伦蒂·吉扎尼(Лаврентий Зизаний)的图书《教义问答》。书籍出版之后俄国很多宗教界人士纷纷表示在此书中发现了异教成分。为处理此事,吉扎尼和俄国宗教界人士于 1627 年 2 月在莫斯科印刷厂举行公开辩论,吉扎尼在辩论中落败,最终《教义问答》一书在俄国被禁。此事件之后,来自立陶宛、乌克兰、白俄罗斯等国的图书相继遭到封禁,这种地域性的审查甚至蔓延到了圣像领域,不符合要求的圣像被禁止展示。

从 18 世纪初开始世俗领域的信息内容也被纳入审查范围。1700 年彼得一世将为期 15 年的在俄国引进和售卖外国书刊的垄断权交给了自己的好友——美国商人杨·特辛(Young Tessing),同时颁布法令禁止其他国外印刷厂在俄国的贸易活动。彼得在任时期俄国审查制度的一个显著特点是集中化。为了削弱宗教在书籍审查领域的作用,彼得采取立法手段缩小了教堂在书籍审查领域的职权范围,为审查权的集中做了铺垫。当时,彼得一世一人身兼译者、编辑、出版者等多个角色,对书籍出版的全过程严格把控。爱沙尼亚学者雷夫曼(П.

С. Рейфман）曾经评价道："没有任何一行书面文字能逃脱彼得的审查。"

此外，1721年俄国设立了专门的审查机构——宗教委员会，宗教委员会后更名为至圣治理会议。该机构由十人组成，其中只有三人来自宗教界，其余七人均来自世俗领域。同年俄国还决定执行预审查制度，并设立了专门的预审查部门。在预审查中，内容质量低下、不符合要求的出版物的作者将面临高额罚款。1723年，预审查的范围从文字印刷品扩展到沙皇肖像画。随着俄国历史上第一份报纸《新闻报》的问世，对报刊等周期性出版物的审查也被提上日程。和图书审查一样，报纸审查工作也由彼得一世全权负责，他亲自监督《新闻报》的出版工作，该报纸刊登的很多文章都是经过他的审核才和读者见面的。

三、叶卡捷琳娜二世时期的审查制度

叶卡捷琳娜二世掌权之后在政治、经济、教育和文化等领域进行了一系列改革，使俄国的社会面貌发生了深刻变化，其中她对审查制度的改革对当时乃至之后相当长一段时间内俄国的文化领域产生了显著影响。叶卡捷琳娜二世执政时期俄国的审查制度呈现出以下几方面特征。

一是外国出版物的准入门槛降低。1771年3月1日叶卡捷琳娜二世颁布法令，允许在俄国发行外国出版物，但要求出版物的语言必须为发行方的母语。和先前几位沙皇的禁令或特权垄断相比，该法令的颁布极大地刺激了外国出版物在俄国的传播和普及。该法令限制外国出版物用俄语发行的目的是保护本国经济免遭打压。1776年，外国人在俄国发行出版物的门槛进一步降低，从当年开始叶卡捷琳娜二世允许外国人发行俄语出版物，但前提是该出版物在发行前要经过俄国审查机关——至圣治理会议以及俄国科学院的严格审查。第二条法令的颁布进一步提升了外国人在俄国发行出版物的积极性，由此也促进了西欧思想在俄国的传播。值得一提的是在众多国外思潮中，来自法国的启蒙主义思想最受叶卡捷琳娜二世的青睐，其中尤以法国思想家伏尔泰（Voltaire）和狄德罗(D. Diderot)的思想最受推崇。叶卡捷琳娜二世当政期间法国启蒙主义思想家的著作被大量引进俄国,此举促进了启蒙主义思想在俄国的传播。

二是允许国内私人印刷厂从事经营活动。1783 年 1 月 15 日叶卡捷琳娜二世颁布了著名的《印刷厂自由法令》。该法令规定,允许书籍出版业按照工业部门的标准发展,并且私人印刷厂有权自行开展业务。该法令的颁布对当时俄国的经济和文化发展都产生了积极影响,私人出版行业开始发展,且整个出版业按照工业部门的模式运作,大幅提升了整个出版业的经济效益,为当时俄国的经济发展做出了贡献。

三是设立专门的审查机构并指定专职审查人员。叶卡捷琳娜执政期间法国爆发了大革命,为了避免法国大革命对俄国的政治稳定产生不利影响,1796 年 9 月 16 日叶卡捷琳娜二世颁布法令,设置专门的审查机构,并设立审查员职位。该法令指出:"在我国出版或译介到我国的任何一本书,在由印刷厂印制发行前都必须经过设立在首都的审查机构审查,以确保在书籍或译著中不存在任何违背上帝旨意、国家规章和良知的内容。"除此之外,叶卡捷琳娜二世还专门设立了针对犹太人出版书籍的审查员,负责审核希伯来语和意第绪语书籍。这些专职审查员的职责是审核上述两种语言的书籍,确保其中没有抨击东正教的内容。一旦审核工作出现疏漏,专职审查员要为此负责。专职审查机构和审查人员的设立改变了先前几位沙皇统治时期审查工作高度集中化,甚至由当权者一人垄断的局面,让当时俄国的审查制度更加完善。

值得注意的是,以上事件都发生在叶卡捷琳娜二世执政前期,这一时期她对审查制度的把握呈现出明显的自由主义倾向,在确保政治利益和宗教利益不受侵害的情况下采取了较为宽松的审查政策,旨在推动国内出版行业的发展,鼓励新思想、新理念的传入,为俄国的经济和文化发展提供了一定的助力。但叶卡捷琳娜二世时期的审查制度还有严苛的一面,尤其是在她执政后期,这种倾向愈发严重。这一时期审查制度的严苛性体现在以下几个方面。

首先,强化审查,特别是对国外引进书刊的审查。早在 1763 年 9 月 6 日叶卡捷琳娜二世就颁布法令,责成俄国科学院履行审查义务,加大对国外引进书刊的审查力度,尤其是要杜绝“有害书籍”的传播。为了强化审查效果,叶卡捷琳娜二世在18世纪60—70年代设立了覆盖中央和地方的三级审查体系:审查体系的第一级是在彼得堡和莫斯科分别以俄国科学院和莫斯科大学为中央级最高审查机构;第二级是在其他州县以当地学堂为地方性审查机构;第三级是在没有学堂的其他地方,由当地行政长官负责审查工作。这一审查体系一直沿用到1796年。此后,叶卡捷琳娜二世下令设立专门的审查机构和审查人员。当时的书刊销售商除了要确保所销售的书刊符合相应级别的审查标准之外,每年还必须向最高审查机构——俄国科学院和莫斯科大学提供计划发行的书刊名录。从以上种种政策均可看出叶卡捷琳娜二世对审查工作的重视程度,即便是在1771年起出版业限制逐渐放开之后审查力度依然有增无减。1796年9月16日叶卡捷琳娜在自己去世前的50天颁布了限制出版、强化引进书刊审查的法令,在外国书刊引入俄国的必经之路拉济维乌海关设立专门的审查机构,该机构由一名宗教界审查员和两名世俗领域审查员组成,对进口书刊进行审查,不符合要求的书刊要当即焚毁。

其次,对审查发现的违规行为和个人的惩戒力度加大。叶卡捷琳娜二世于1763年颁布的法令规定,一旦审查机构发现书店销售违规书籍,相关书籍将被全部罚没。1783年颁布的法令也规定,一旦发现擅自出版违规书籍(违背上帝旨意、公序良俗或有其他明显违规行为),不仅书籍将遭罚没,出版该违规书籍的个人也要受到相应惩罚。从这一时期开始警察在俄国审查制度中扮演了重要角色,叶卡捷琳娜二世政府试图通过强力手段震慑出版商,以减少不符合自己要求的出版物在俄国发行和传播。

另外,叶卡捷琳娜二世时期的审查制度有明显的内容导向。叶卡捷琳娜二世在位时期试图最大限度地消除之前几位沙皇的影响,于是她下令书刊内容中严禁出现彼得三世(Пётр Ⅲ)等前几任沙皇的名字,因此这一时期的历史教材在描述前几任沙皇得权继位时的用词均使用无人称形式。此外,历史教科书中与前几位沙皇有关的重要政治事件也被略过或改写。为了保证效果,叶卡捷琳娜二世亲自参与历史教科书的审查工作,因为她认为历史是最重要的学科,研究历史的方式和目的只能是歌颂国家和政府。除了历史内容有明显的导向性,在其他领域内容的导向性特征同样明显。在对待启蒙运动的态度上,虽然叶卡捷琳娜二世对伏尔泰和狄德罗的思想较为推崇,但对卢梭(J. Russeau)的思想却极为反对,因此传播卢梭思想的书籍在这一时期也遭到了严禁出版。除了禁止出现自己反对的内容,叶卡捷琳娜二世还采取了主动引领舆论的方式,这一时期俄国皇室出版的杂志《万象》便发挥了宣传皇室思想、引领舆论导向的作用。

叶卡捷琳娜二世时期的俄国审查制度整体上是矛盾的:一方面女皇希望通过放宽对书籍出版发行及引进的限制来促进经济和文化发展;另一方面她又从审查力度、惩处力度、内容控制等多方面不断向思想文化界施加压力。但毋庸置疑的是叶卡捷琳娜二世完善了俄国的审查制度,为俄国审查制度未来的进一步发展和完善奠定了基础。

第五节　俄国知识分子与报刊活动

进入 19 世纪之后,俄国所处的国内外环境发生了深刻变化:国内方面,中央集权的封建体制进一步强化,俄国普通百姓只能在水深火热中挣扎;国际方面,拿破仑军队的入侵打破了自北方战争结束以来持续了数十年的和平,俄国的国家安全、沙皇政府的统治都面临着前所未有的挑战。在内忧外患、错综复杂的国内外环境中 ,俄国的知识分子阶层逐渐活跃起来,他们以笔为武器与封建专权、农奴制度等社会问题做斗争,为推动俄国历史发展和社会进步做出了自己的贡献。同时由于独特的工作性质,俄国知识分子的活动与出版等行业密切相关,从而促进了俄国思想文化领域的进步和发展。

一、俄国知识分子及其特征

俄语中表示“知识分子”的词有两个，分别是 интеллигент 和 интеллигенция，这两个词来自波兰语，自 19 世纪中期在俄国作家波波雷金（П. Д. Боборыкин）的推广下开始广泛使用，并相继传入其他语种。интеллигент 指单个的知识分子，интеллигенция 指知识分子阶层。“知识分子”一词来自西方文化。西方的知识分子概念起源较早：早在 18 世纪之前的西方，任何读书识字的人都可以被称作知识分子，英语中将这类人形象地称为 man of letters；从 18 世纪末期开始，随着欧洲的识字率显著提高，知识分子的含义开始变窄，从读书识字的人变成了从事相关文字工作的人，如作家、评论家、记者等；19 世纪末 20 世纪初，西方文化中的知识分子开始指受过良好教育、拥有分析性思维并从事脑力劳动的群体，并且开始用更加中性的表达 intellectual 来指代知识分子阶层。

尽管有观点认为知识分子这一概念在西方文化和俄罗斯文化中是相同的，20 世纪下半叶甚至有人将英语中的 intellectual 与俄语中的 интеллигент 做相同理解，但事实上俄罗斯文化中的知识分子概念与西方文化中的知识分子概念有本质区别。尽管俄罗斯文化中的知识分子指的也是从事复杂的脑力劳动的社会阶层，但相比西方文化中的知识分子概念，俄罗斯的知识分子概念有更丰富的内涵。19 世纪，俄国知识分子最本质的特征是：关心国家命运、具有强烈的社会责任感、批判地对待社会现实、与社会中的不公平现象做斗争、体会民生疾苦、为国家和民众争取权利和自由等。

19 世纪俄国知识分子与西方知识分子的另一个区别是内部产生分化。从 19 世纪 40 年代起随着报刊业的发展，俄国知识分子内部开始分化，政治立场和意识形态的不同使他们形成两个主要派别——西方派和斯拉夫派。西方派知识分子认为俄国和欧洲在历史和文化上是一个统一的整体，他们受西方自由民主思想的影响，主张在俄国推行同样的政策。斯拉夫派则主张立足于俄国文化传统以及东正教思想,走有别于西方的独特发展道路。尽管我们无法评判这两种思想孰优孰劣,但有一点可以肯定的是,在无产阶级革命前的数十年中,西方派和斯拉夫派知识分子一直都是俄国社会进步和思想文化发展不可或缺的推动力量。

二、俄国知识分子的报刊活动

(一)拉季舍夫的报刊活动

拉季舍夫(А.Н.Радищев, 1749—1802),18 世纪俄国思想家、文学家、哲学家和革命家。他出身于奔萨省的一个贵族家庭,7 岁时前往莫斯科生活,青年时期曾前往德国莱比锡大学进修法律。归国后他先后在元老院、军事法庭、贸易部、彼得堡海关等单位任职。同时,他积极进行文学创作,代表作有《彼得堡到莫斯科旅行记》《自由颂》《何谓祖国之子》等。拉季舍夫因创作《彼得堡到莫斯科旅行记》被沙皇政府逮捕并判处死刑,后被改为 7 年流放,1801 年 3 月沙皇亚历山大一世即位后被赦免,一年后自尽而亡。

虽然拉季舍夫的主要活动集中在 18 世纪,而"知识分子"一词在 19 世纪中叶才开始广泛使用,但俄国知识分子的基本特征,诸如强烈的社会责任感、对社会现实的批判态度、为国家和社会发展以及为民众争取权利而付出重大努力,这一切都在拉季舍夫的身上体现出来,因此拉季舍夫被公认为俄国历史上的第一位知识分子。

拉季舍夫的创作活动主要体现在个人著作和杂志文章中。在其个人著作方面最具代表性的是中篇小说《彼得堡到莫斯科旅行记》。《彼得堡到莫斯科旅行记》于 1790 年问世,以游记的形式记录了作者从彼得堡到莫斯科的全过程,全书共 26 章,每一章用沿途的驿站、城市或村落命名。内容记录的是作者经过此地的所见、所闻、所感,各章内容相对独立。拉季舍夫在这本书中真实而完整地展现了在封建君主专制和农奴制双重压榨下俄国普通民众的贫苦生活,除此之外拉季舍夫还明确提出:沙皇专制是导致俄国普通百姓贫苦生活的万恶之源,必须坚决废除封建君主专制和农奴制。为避免当时严苛的审查制度,该书在出版时没有正式的书名,拉季舍夫写作时在行文上采用了18世纪后期流行的感伤主义游记的写法,该书以游记的形式出版,且第一次印刷是在家庭印刷作坊进行的。这部小说的问世引起了思想文化界的广泛反响,却惹怒了当权者,叶卡捷琳娜二世称拉季舍夫是比普加乔夫更坏的暴徒,随即下令焚毁该书所有存本,最后俄国仅剩十几本手抄本保留了下来。19世纪中叶赫尔岑(А.И. Герцен)在伦敦出版了这本书,直至20世纪初该书才重新获准在俄国出版。

除了文学创作外拉季舍夫还通过在杂志上发表文章来传播自己的思想,最具代表性的是1789年12月在《谈话的公民》杂志上发表的《何谓祖国之子》。拉季舍夫在文章中开宗明义地提出了"并非所有生在一个国家的人都可以成为祖国之子(即爱国的人)"的观点,接下来他对比了当时社会上的四类年轻人,并痛心地发现这些人与真正的爱国没有丝毫关系,他们自私自利,只对自己的生活感兴趣,对国家和人民的命运毫不关心,在他们身上完全看不到对祖国的爱和对荣誉的追求。在为当代年轻人爱国主义思想缺失而痛心疾首的同时,拉季舍夫再次联想到这种现象背后的原因——俄国的封建专制制度和农奴制度,因此他在文中再次强调:必须坚持不懈地与封建专制和农奴制做斗争。

从拉季舍夫的出版活动可以明显地看出他作为俄国历史上第一位知识分子的特征:关心民众疾苦,强烈要求打破封建专制和农奴制的枷锁,在对当时的社会现状进行理性和批判分析的基础上对国家和社会发展有前瞻性判断。拉季舍夫在出版界的活动具有开创性意义,他的思想不仅影响了18世纪末在报刊出版界做出重要贡献的卡拉姆津(Н.М. Карамзин)等人,还对19世纪俄国知识分子的活动产生了直接影响。

(二)十二月党人和赫尔岑的报刊活动

1812年拿破仑率法军入侵俄国,两国之间爆发战争,即俄国历史上的1812

年卫国战争。俄国最终成功抵挡住了拿破仑的进攻,取得了战争的胜利。参与卫国战争的一部分青年军官了解到了法国等西欧国家的政治、军事和社会状况,这些青年军官在对比了俄国和法国等欧洲国家之后,发现俄国在政治、社会等领域与欧洲国家存在明显差距,他们觉察到封建专制和农奴制是阻碍俄国社会进步的罪恶根源,要使国家强盛起来就必须改变现在的社会制度,废除封建专制和农奴制。于是他们开始建立秘密组织,如救国协会、幸福协会、南方协会等。同时这些思想进步的年轻军官试图借助军事力量推翻现有政权。1825 年沙皇亚历山大一世去世,这些年轻人借此机会于当年 12 月 26 日在彼得堡举行武装起义,但起义被沙皇继任者尼古拉一世(Николай I)镇压,最终失败。1826 年南方协会在乌克兰再次起义,同样以失败告终。此后尼古拉一世政府对起义者进行了残酷迫害,数名起义领袖被杀。此次事件史称十二月党人起义(Восстание декабристов)。

为了更好地开展革命工作,十二月党人也积极通过报刊来搭建思想阵地。十二月党人参与的出版物中最具代表性的首推《北极星》。《北极星》是在彼得堡出版的选集,创办者为别斯图热夫(А. А. Бестужев)和雷列耶夫(Рылеев)。《北极星》共发行了三期,发行时间分别为 1823、1824 和 1825 年。《北极星》是以文学期刊的形式发行的,但读者很快发现,实际上这是一本社会政治领域的文选。选集的内容主要是宣传革命思想,揭露农奴制和封建专制的丑恶,号召读者行动起来,反对封建专制和农奴制,废除审查制度。用两位发行者的话说,"《北极星》不是为了简单地愉悦大众,这是一份面向少数读者而非大多数读者的出版物"。在两年多的时间内《北极星》传达出的政治立场越来越明确,宣传鼓动力量也越来越强大,1825 年发行的第 3 期比 1823 年发行的第 1 期明显更加完善,政治立场也更明晰。两位创办者本打算继续发行第 4 期,但由于事务繁忙,最终没有完成,只能用当时仅有的材料发行了精简版《小星星》。但不幸的是,精简版的出版物在十二月党人起义之后被罚没,没能和读者见面。《北极星》作为十二月党人革命思想的集中体现在当时起到了重要的宣传作用,对进步青年产生了重要影响。众多文学家、文艺评论家都对《北极星》给予了高度评价，赫尔岑称《北极星》是尼古拉一世统治乌云中的一颗明星。

除《北极星》之外，十二月党人还参与创办了其他出版物。《谟涅摩叙涅》是十二月党人创办的另一份具有代表性的期刊，创办者是德裔俄国诗人库切尔贝克（К.В. Кюльхбекер）和俄国哲学家奥多耶夫斯基（В.Ф. Одоевский）。期刊名取自希腊神话中掌管记忆的女神"谟涅摩叙涅"。这是一份综合性季刊，创办于 1824 年，内容以文学为主，此外还包括哲学、政治评论、游记等多个部分。《谟涅摩叙涅》第 1 期的发行量为 600 册，第 2 期就增长到 1200 册，发行量仅次于《北极星》。十二月党人成员、历史学专家科尔尼洛维奇（А.О. Корнилович）还于 1825 年出版了杂志《俄国旧事》。该期杂志由 5 篇文章组成，所有文章均为科尔尼洛维奇所写，内容以历史为主，也在一定程度上起到了宣传进步思想的作用，在政治、文学等领域产生了一定的影响。

在十二月党人积极宣传革命思想的同时，沙皇政府也在有针对性地对进步力量进行打压。1826 年沙皇尼古拉一世制定了被称为"铁的法典"（Устав о цензуре "Чугунный"）的书刊检查法。该法第三条规定，"无论有意或无意，均不得攻击宗教、君权、政府当局、法律、道德以及国家和个人的荣誉"；第六条规定，由三位部长组成最高的书刊检查委员会，由该委员会负责"指导舆论，使其符合现实政治形势与政治观点"。1848 年欧洲革命进入高潮时，为了防止革命思想的传入，尼古拉一世又下令成立出版监督委员会，对新闻出版物进行极其苛刻的检查。因而从 1848 年出版监督委员会成立到 1855 年尼古拉一世去世这段时间，被称为俄国新闻出版史上"阴暗的七年"。

就在这一时期，以赫尔岑为首的贵族革命家继承十二月党人的事业，在国外出版"自由的报刊"，猛烈抨击专制制度，广泛开展对农奴问题的讨论，促进民主运动的发展。赫尔岑（1812—1870）是俄国早期的革命家、思想家。他出身于贵族家庭，1833 年大学毕业后，开始从事反对沙皇统治的革命活动，先后两次被捕，1847 年流亡法国。他把希望寄托在俄国日益高涨的农民运动上，把废除农奴制作为俄国发展的第一步,希望通过农民村社实现社会主义。他的思想为后来俄国的民粹主义(即空想社会主义)奠定了理论基础。

1852 年赫尔岑移居伦敦,次年在伦敦建立了不受沙皇书报检查制度控制的"自由俄国印刷所",出版了多种革命小册子。后来他与人合作出版了《北极星》丛刊(1855—1868)和《钟声》杂志(1857—1867)。《北极星》的刊名和宗旨与十二月党人于 1823 年创办的那份《北极星》相同。《钟声》最初为月刊,后来改为不定期刊,通过秘密越境的方式被运送到俄国并散发到广大读者手中。它以赫尔岑的农民社会主义理论为纲领,提出解放农奴、废除书报审查制度等民主主义的要求,在推动民主革命运动、反对专制制度的斗争中起了重要的作用。列宁曾给以高度评价,称之为工人报刊(无产阶级民主主义或社会民主主义报刊)的先驱。

(三)19 世纪中期知识分子的报刊活动

十二月党人起义虽然失败了,但俄国进步人士想要废除封建专制和农奴制的决心却愈发坚定。在 19 世纪中期涌现出一批进步人士,他们以各种出版物为理论阵地,积极宣传进步思想,与封建专制和农奴制做斗争。

这一时期知识分子最典型的代表是车尔尼雪夫斯基(Н.Г. Чернышевский,1828—1889)。车尔尼雪夫斯基是 19 世纪俄国文学家、文艺评论家、哲学家、革命家、空想社会主义理论家。他出身于俄国萨拉托夫的一个神父家庭,毕业于当地一家神学院,后进入彼得堡大学文史系学习。就读期间他受到进步思想的影响,接触了唯物主义思想和空想社会主义思想并成为无神论者。青年时期他便在俄国农村传播进步思想。1862 年他被捕入狱,之后又被流放到西伯利亚服苦役,直至 1889 年才获准回到故乡萨拉托夫,同年因病去世。

车尔尼雪夫斯基的报刊活动主要体现在《现代人》这份杂志上。《现代人》是由普希金(А.С. Пушкин)创办的文学和社会政治杂志,1836 年在彼得堡出版,创刊初期是季刊,1843 年改为月刊。普希金去世后,该刊主编几经更易,

1847年易主至涅克拉索夫(Н.А. Некрасов)和帕纳耶夫(И.И. Панаев)之手。1853年车尔尼雪夫斯基参加编辑工作,1856年任主编。在他主持下,《现代人》经常发表有关农民革命问题的文章,成为革命民主派的主要宣传阵地,其社会影响不断扩大。尤其在草拟废除农奴制的法案时期,车尔尼雪夫斯基及其战友在《现代人》上发表了大量论文、书评和小品文,坚决捍卫农民的利益。他们向读者讲述了农奴的困苦状况,揭露了农奴主贪得无厌的本质和自由派的伪善面目,抗议沙皇政府强迫农民高价赎买份地的行为,坚决主张无条件地把农奴使用的份地分给他们,使他们享有完全的所有权。1862年车尔尼雪夫斯基被捕,《现代人》被勒令停刊8个月。复刊后,该刊连载车尔尼雪夫斯基的《怎么办?》以及其他民主主义作家的作品,继续进行革命宣传活动。1866年亚历山大二世遭遇未遂刺杀,他转而采取更加严格专制的手段控制出版业,《现代人》被勒令长期停刊。

除了车尔尼雪夫斯基担任主编的《现代人》,另一份凝聚了19世纪中期知识分子努力的杂志便是《祖国纪事》。《祖国纪事》是文学和社会政治月刊,1839年在彼得堡创办。杂志在前期由安·克拉耶夫斯基(А.А. Краевский)负责发行,革命民主主义思想家别林斯基(В.Г. Белинский)主持评论专栏,大力宣传唯物主义和空想社会主义理论,同保守派做斗争。1868年,克拉耶夫斯基将该刊发行权转让给涅克拉索夫,在涅克拉索夫的主持下,《祖国纪事》继承并发扬了《现代人》的民主主义革命传统,抨击专制政治制度,揭露贵族的寄生性和资本家的掠夺性,支持农民群众的革命斗争。1872年,《资本论》第一卷俄译本在彼得堡出版,引起了极大的反响。《祖国纪事》在1872年第4期上发表文章,热烈祝贺《资本论》俄译本的出版,同时指出"该书是对学院派政治经济学理论的详细的批判,同时也是一部生动全面的资本主义国家经济发展史"。1878年10月10日,马克思在致友人的信中高兴地写道:"我高兴地看到《资本论》俄文译本的发行,因为恰恰是在俄国,年轻的大学教授们公开地接受和维护了我的理论。"由于坚持革命民主主义立场,支持俄国的民主革命运动,《祖国纪事》多次受到出版审查机关的迫害,1884 年被迫停刊。

以《现代人》和《祖国纪事》为代表的出版物体现了 19 世纪 40—60 年代俄国知识分子的革命思想和政治诉求——推翻封建专制,废除农奴制,为普通民众争取权利,唯物主义哲学和社会主义思想的进入也丰富了当时俄国知识分子的思想和理念,这一时期俄国知识分子的报刊活动对之后俄国出版业乃至整个思想文化领域都产生了重要的影响。

(四)民粹派知识分子的报刊活动

1861 年俄国农奴制改革虽然进行得不彻底,但是也在一定程度上促进了资本主义在俄国的发展。农奴制改革后的十几年中俄国又相继进行了一系列农业、法律等领域的改革,资本主义开始在俄国逐渐发展起来。资本主义生产关系逐渐取代了农奴制时期的生产关系,原有的农奴阶级也发生分化,产生了农村资产阶级和农村无产阶级。生产关系的变革并没有给普通人的生活带来转机,工厂主们无情地压榨劳工,普通人依旧生活在水深火热之中。19 世纪下半叶俄国出现了另一股社会思潮——民粹主义。

俄国的民粹主义思想自赫尔岑和车尔尼雪夫斯基时期便已出现,而俄国民粹派的出现则稍晚一些,直至 19 世纪 70 年代民粹派才逐渐成为当时主流的社会思潮。民粹派的主张依旧是废除君主专制,并且努力动员广大群众参与斗争。但由于缺乏科学而系统的理论指导,民粹派的指导思想出现了较多问题:民粹主义者没能正确理解资本主义在俄国历史发展中的作用,非但不承认资本主义是俄国历史发展的必然趋势,还认为资本主义在俄国是一种不幸的、人为的偶然现象,是退行且有害的;同时,他们对革命力量的认识也是有偏颇的,很多民粹主义者认为农民是革命的主要力量,主张通过知识分子领导的农民起义来推翻沙皇政府的统治;另外,民粹主义者还否认人民群众在历史发展过程中的作用,他们认为历史不是由人民群众,而是由少数拥有批判思维的英雄人物创造的,在此过程中人民群众只扮演盲从者的角色;最后,他们对俄国社会发展前景的估计也是有问题的，民粹主义者将俄国村社理想化，认为俄国可以基于村社发展出属于自己的社会主义。由于存在以上理论缺陷，俄国民粹派的理想终究只能是乌托邦式的空想社会主义。

和其他时期的知识分子一样，俄国民粹主义者也积极通过报刊等出版物来宣传自己的思想。民粹派拥有《俄国财富》《欧洲通报》《俄国劳动》《周刊》等刊物。民粹派的代表人物是尼·康·米哈伊洛夫斯基（Н.К. Михайловский），他出身于贵族家庭，1868 年起为《祖国纪事》月刊撰稿，后任该杂志主编，1892 年起在《俄国财富》杂志社工作，1894—1904 年任主编。

《俄国财富》是 19 世纪下半叶俄国最受欢迎的杂志之一。《俄国财富》内容涉及科学、文学和政治，1876 年在莫斯科创办，同年迁至彼得堡。该杂志创刊之初刊登了许多研究经济问题的文章，是民粹派宣传其主张的重要理论阵地。米哈伊洛夫斯基参加编辑工作后，在杂志上发表了大量文章。随着米哈伊洛夫斯基逐步由革命民粹主义者蜕变为自由民粹主义者，《俄国财富》也成为自由民粹派的机关报。从 19 世纪 90 年代初期起，该刊登载了一系列反对和批判马克思主义的文章，并且开始宣扬唯心史观，甚至诬蔑革命群众运动。在 1893 年第 10 期的文章中，米哈伊洛夫斯基正式宣布要对"俄国所谓的马克思主义者或社会民主党人进行一场论战"。列宁在《什么是"人民之友"以及他们如何攻击社会民主主义者?》（回应《俄国财富》杂志反对马克思主义者的著作）中，对《俄国财富》杂志所发表文章中的观点进行了深入的剖析，重申了马克思主义的立场。在 1905—1907 年俄国资产阶级革命后，《俄国财富》改变了编辑方针，转而在政治上保持中立。《俄国财富》于 1918 年停刊。

从 18 世纪末期的拉季舍夫到 19 世纪下半叶的民粹派，俄国知识分子或积极奋起抗争，或大力宣传进步思想，虽然采取的措施以及收到的效果不尽相同，但共同愿望是推翻封建专制，废除农奴制，改善俄国普通民众的生活。这也是俄国知识分子区别于西方知识分子的根本所在，俄国知识分子始终将自己与国家命运和人民生活紧密联系起来，他们以笔为武器，以报刊等出版物为阵地，积极进行思想宣传活动，一方面为推动俄国经济发展和社会进步做出了应有的贡献，另一方面也推进了俄国出版业乃至整个文化领域的发展。

第六节　无产阶级报业的诞生

一、无产阶级报业诞生的背景

19 世纪末期俄国资本主义开始快速发展并逐步追赶西欧国家，但资本主义生产方式和俄罗斯封建专制时期落后的管理方式间的矛盾日益激化，由此产生的社会问题也在不断积累。封建专制的沙皇政府没有根据资本主义发展趋势做出相应的改变，农奴制虽已废除，但普通农民的生活依然没有改善。除了广大农民之外，俄国工人的生活也非常艰难，19 世纪末俄国爆发了大规模的工人罢工运动，工人阶级选择用这种方式来反抗沙皇政府的专制统治。世纪之交的俄国知识分子也在积极探索，为革命活动寻找新的、更加可靠的指导思想。

这一时期越来越多的知识分子开始注意到 19 世纪 70 年代传入俄国的马克思主义。《资本论》对资本主义制度固有矛盾的深刻分析以及对社会主义社会的构想让接触到马克思主义的俄国知识分子更加明确地理解了当时俄国社会重重矛盾的源头，也更加清晰地认识到俄国未来的发展方向。他们意识到：在沙皇封建专制的统治之下俄国资本主义无法长久健康发展，且单纯走资本主义发展道路也不会从根本上解决俄国社会的现有矛盾。接受了马克思主义的俄国知识分子认为：相比民粹主义者主张的走俄国自己的发展道路，马克思主义者关于资本主义经济的论述为俄国的国家和社会发展指明了方向。但可惜的是这些俄国知识分子并不想用马克思主义指导革命活动，他们试图采取其他方式推翻沙皇专制，这也是他们的局限性所在。除了知识分子阶层，马克思主义还深刻地影响了俄国工人阶级。19 世纪末期马克思主义开始在俄国工人小组间广泛传播，工人们学习马克思主义理论的热情空前高涨，这也为后来普列汉诺夫（Г.В. Плеханов）和列宁（В.И. Ленин）的革命工作打下了群众基础。

此时，欧洲国家已经建立了更加完善的资本主义制度，并且开始向帝国主义过渡。这一阶段的显著特征是扩张性和掠夺性，即向帝国主义过渡的资本主义强国企图重新制定世界秩序并瓜分世界版图。在这样的国际环境下，俄国与其他国家的矛盾逐渐激化：在面对资本主义强国时，作为弱势一方的俄国面临被掠夺的风险，且在与资本主义强国的冲突中俄国也屡遭挫折，日俄战争和第一次世界大战的两次战败让俄国难堪其辱。另一方面，俄国在资本主义发展的同时也出现了向帝国主义过渡的迹象，尽管还不及西方资本主义强国，但在面对比自己弱小的国家时已经显现出侵略性和扩张性，因此在面对实力弱于自己的国家时俄国又扮演了掠夺者的角色，这也激化了俄国与弱势国家间的矛盾。

复杂的国际和国内环境使俄国的文化领域发生了变化。随着俄国资本主义的发展和无产阶级意识的觉醒，俄国社会逐渐分化出资产阶级和无产阶级两大阵营，相应地也产生了资产阶级文化和无产阶级文化。这两种文化同时植根于俄罗斯民族文化，在 20 世纪初的俄国社会中，资产阶级和无产阶级与其相应的文化都处在对立统一中。正如列宁所言："每个民族的文化里面，都有一些哪怕是不太发达的民主主义和社会主义的文化成分，因为每个民族都有劳动群众，他们的生活条件必然会产生民主主义和社会主义的思想体系。但每个民族里也有资产阶级文化（有些民族还有黑帮和教权派文化），而且这不仅是一些'成分'，而是占统治地位的文化。"① 从列宁的论述中不难发现，这一时期俄国社会两大阶级的对立还伴随着两种文化以及两种思想体系的对立，国内社会的重重矛盾也植根于此，特别是 1905 年第一次革命期间以及第一次革命失败后，这种对立和分裂体现得尤为明显。并且此次革命中不仅包括资产阶级和无产

① 列宁.关于民族问题的批评意见（1913 年 10—12 月）[EB/OL].[2024-03-22].https://www.marxists.org/chinese/lenin/marxist.org-chinese-lenin-191310-12.htm#_ftnref1.

阶级两大阵营为社会制度而进行的斗争，还包括俄国全体民众与资产阶级为争夺自由、民主和权利而展开的斗争。这种多重斗争的特征也对20世纪初的俄国文化产生了重要影响，特别是为大众文化的发展带来了新的契机。这一时期俄国电影业经历了第一次发展高峰，在十月革命前的十年间俄国国内拍摄的故事片达到2000余部；这一时期俄国的图书馆数量大增，体现出当时俄国民众对知识的强烈渴望。正是在这样的背景下，俄国的报刊出版业迎来了新的发展契机。

二、俄国无产阶级报业的诞生

（一）早期工人报刊

在错综复杂的社会矛盾和内忧外患的国内外环境下，俄国工人阶级登上了历史舞台，并逐渐成为推动俄国社会发展的主要力量。在工人斗争的洪流中，1875年，敖德萨成立了第一个工人组织——“南俄工人协会”。1878年，彼得堡成立了“俄国北方工人协会”。该协会的纲领是“推翻国内现存的政治、经济制度”，并提出了言论、出版、集会自由等政治要求。协会积极开展宣传教育活动，多次领导工人罢工，并于1880年出版了俄国历史上第一份工人秘密刊物《工人曙光报》。该报号召工人与农民联合起来，为最终推翻沙皇的专制统治而斗争。由于沙皇政府的迫害，报纸只出版了一期便停刊了。虽然《工人曙光报》只是以秘密出版物的形式出了一期，但是它开创了俄国工人阶级报刊的先河，从此，俄国工人阶级在崛起的过程中开始使用报刊作为宣传思想的武器。

在此后的几年间，积极推广马克思主义的有识之士不断努力壮大自己的队伍，同时也在尝试搭建自己的思想传播平台。1883年，侨居日内瓦的普列汉诺夫在国外创立了俄国第一个马克思主义团体——劳动解放社。劳动解放社把马克思主义的主要著作译成俄文，在国外印刷后秘密运到俄国来，为社会民主主义的发展提供思想基础。与此同时，国内也出现了一些马克思主义小组。国内第一个马克思主义小组是1885年在彼得堡成立的“俄国社会民主党”，它创办了俄国最早的社会民主主义报纸《工人报》，但该报出版了两期便因领导人被捕而停刊。这一时期工人报刊的作用依然是以秘密宣传的形式在工人群体中传播马克思主义。但迫于政府压力，之后的十几年中俄国都没有再出现工人报刊。

这种情况一直持续到了1896年，列宁领导的“工人阶级解放斗争协会”秘密出版了《彼得堡工人小报》。“工人阶级解放斗争协会”是列宁在1895年联合彼得堡20多个马克思主义小组共同创建的。该协会将马克思主义与工人运动结合起来，在马克思主义的指导下为彼得堡的工人运动提供政治支持和思想指导。在《彼得堡工人小报》出版之前该协会就相继印发了近80种传单和其他宣传品，《彼得堡工人小报》的出版标志着该协会有了固定的思想宣传平台。该报第1期于1896年底以油印版形式出版，印数300—400份，第2期于翌年在日内瓦以铅印小册子的形式出版。报刊首页上印有“全世界无产者联合起来！”的口号。《彼得堡工人小报》以反映民众的疾苦为主要内容，号召民众组织起来，进行反对专制制度的斗争。迫于沙皇政府的强大压力，该报出版了两期后便告停刊。

1897年3月，由基辅工人阶级解放斗争协会发起的斗争协会代表会议在基辅召开。会议除讨论了筹备召开党代表大会的问题外，还决定出版一份全俄革命报纸。同年8月，第一份全俄社会民主主义报纸《工人报》在基辅秘密发刊。报纸在创刊号中明确指出：要使工人兄弟认识到自己的切身利益和历史使命，为在俄国建立社会民主工党而斗争。1898年3月，各城市斗争协会和其他组织的代表在明斯克召开了俄国社会民主工党第一次代表大会，宣布成立俄国社会民主工党，指定《工人报》为党的机关报。但是，这次大会没有制定党纲、党章，大会开过不久中央委员会成员就被逮捕，《工人报》第3期稿件也被警察没收，报纸未能继续出版。同时期其他重要的地方性工人报刊还有基辅社会民主主义小组于1897年1月创办的《前进报》，该报先后秘密出版了4期。

俄国早期工人报刊多由各地方的马克思主义小组自发创办并秘密发行，其主要目的有三：一是反映真实生活，揭露沙皇政府罪恶；二是宣传马克思主义进步思想；三是号召和动员工人阶级参与工人运动，反抗沙皇专制。尽管在沙皇政府的重重阻挠和压力之下，这些早期的工人报刊大多存活不久，但它们的出现促进了俄国工人运动的发展，为后来俄国工人报刊的兴起奠定了基础。

（二）20世纪初的工人报刊

进入20世纪，俄国国内社会矛盾进一步激化，20世纪初对外的两次战争也均告失利。在这样的国内外环境下革命的呼声愈发高涨，以普列汉诺夫和列宁等为代表的俄国马克思主义者更加坚定了自己的革命信念，也更加坚定地以报刊等出版物作为自己的思想阵地和理论平台，用马克思主义指导俄国无产阶级的革命活动。1905年革命、二月革命和十月革命的实践都证明了马克思主义理论对俄国无产阶级工人运动的作用。这一时期俄国工人报刊的发展相较19世纪末期也有了较大变化，工人报刊的发行方式、影响力和影响范围都比早期工人报刊有了很大改观。这一时期影响力最大的工人报刊是《火星报》和《真理报》。

1.《火星报》

《火星报》（《Искра》）创办于1900年12月，该报由俄国无产阶级革命导师列宁创办，普列汉诺夫等其他马克思主义者也参与了创办过程。彼时的列宁正在筹建领导俄国工人阶级革命运动的马克思主义新型政党——社会民主工党，他认为办报是成立政党的前提和关键，因为俄国和其他欧洲国家不同，其他国家除了报刊外还可以通过竞选、人民会议、地方社团等多种形式开展活动，而俄国几乎仅有的一种宣传思想的方式就是工人报刊。为了创办工人报刊，列宁在乌法、普斯科夫、莫斯科、彼得堡等多地考察，并且每到一地都秘密地在当地发展通讯员和代办员，因为他清楚地认识到这种工人报刊绝不可能在当时俄国的国内环境下公开出版,因此决定采用在国外发行后秘密运回国内,再由各地通讯员和代办员协助落地办报的方式。充分考察了国内环境之后,列宁于 1900 年秋天到国外和“劳动解放社”的普列汉诺夫等人共同商讨了办报的有关事宜,并且亲自拟订了出版计划。1900 年 12 月 24 日,第一期《火星报》在德国莱比锡出版,报头上印着当年被流放的十二月党人的话:“试看星星之火,行将燃成熊熊之焰!”此后不久《火星报》迁往慕尼黑出版,自 1902 年 4 月起改在伦敦出版,1903 年春天起又改在日内瓦出版。尽管在这期间编辑人员频繁更换,但列宁一直是《火星报》实际的主编和领导者。他在《火星报》上发表了许多有关党的建设和俄国无产阶级革命的文章,对国际生活中的重大事件也一一做了评论。

《火星报》的内容主要包括两方面:一是同“经济派”论战,二是宣传政党的纲领。批判机会主义流派“经济派”是当时的首要任务。自从 1895 年恩格斯逝世以后,德国工人运动中出现了以伯恩施坦(E. Bernstein)为代表的机会主义思潮,并且流传到其他一些国家。这一思潮的基本特点是:否定马克思主义关于无产阶级革命、无产阶级专政的基本原则,企图使社会民主党由主张社会革命的政党变为社会改良主义的政党。俄国工人运动中的“经济派”正是伯恩施坦主义的变种。他们利用所办的《工人思想报》和《工人事业》杂志,散布机会主义观点。1899 年部分“经济派”分子还发表宣言,公开反对无产阶级革命,鼓吹资产阶级改良主义。于是列宁领导下的《火星报》强烈反击和批判“经济派”的错误思想,列宁将批判“经济派”视为澄清是非、建立无产阶级政党的必要条件。同时,《火星报》作为俄国社会民主工党的机关报,自然也需要承担起宣传无产阶级政党纲领的任务。列宁以《火星报》主编的身份发表了大量文章,积极宣传自己的建党理念,并结合当时俄国社会主要矛盾以及重大国际事件进行分析。刊登在《火星报》上的文章不仅起到了宣传马克思主义的作用,还让列宁的政党纲领为更多人所知,这无疑加快了俄国无产阶级政党的创建进程。

有了《火星报》的成功经验,俄国工人报刊更加活跃。1911 年,《明星报》以无产阶级组织的合法报刊形式出版，这也是工人报刊发展史上的又一个里程碑。1912 年，另一个俄国工人报刊史上的重要刊物《真理报》正式出版。

2.《真理报》

《真理报》(《Правда》)诞生于 1912 年，当时俄国无产阶级革命再度迎来高潮。1912 年西伯利亚连那金矿工人罢工遭到沙皇政府的残酷镇压，造成大量工人伤亡，史称“连那惨案”。这一事件迅速在俄国国内掀起了工人阶级运动的高潮，布尔什维克党也认识到在新形势下必须加强党的宣传工作，原有的《明星报》显然不能满足这种需求，于是列宁开始筹办新的报刊。1912 年 5 月 5 日，在列宁亲自筹划下创办的大型群众性政治日报《真理报》在彼得堡问世。和《火星报》类似，《真理报》也是在列宁的直接领导下创办和运营的，虽然身在国外，但列宁对《真理报》相关的一切问题都亲自参与并把关，包括宣传目标和策略的制定、编辑人员的变动、副刊及专栏的设定与改进等。列宁还积极地为《真理报》撰稿，在《真理报》创办的前两年以几乎每天一篇的速度为报纸提供了大量的文章、通讯和书信，此外，斯大林在流放归来和获释出狱后也参与了《真理报》的编辑工作。

《真理报》是 20 世纪初俄国真正意义上的工人报刊。该报的内容主要是向俄国工人宣传革命思想，动员广大工人开展无产阶级革命活动。由于当时沙皇政府采取严苛的审查制度，《真理报》不得不在内容和措辞上采取一些巧妙的手段规避审查，如《真理报》提到的“1905 年全部的不折不扣的要求”，暗指的是 1905 年布尔什维克第一次革命时提出的推翻沙皇政府、成立民主共和国、农民获得地主土地、实行 8 小时工作制等要求。这种方式也得到了广大读者的认可，并且报社和读者间逐渐形成了默契。《真理报》被视为真正意义上的工人报刊的另一个原因是它的经济来源主要是靠广大工人的募捐支持。《真理报》拥有广泛的群众基础，其最大发行量达到 13 万—14 万份，足见当时该报的影响力之大。也正因如此，沙皇政府对《真理报》深恶痛绝。在报纸发行后的两年内，沙皇政府不断通过罚款、没收报纸、查封和捣毁报社、逮捕编辑人员等方式阻挠

《真理报》开展工作。在沙皇政府的疯狂镇压下,《真理报》于 1914 年被迫停刊,但在编辑人员的共同努力下该报于 1917 年复刊并一直发行至今。

以《火星报》和《真理报》为代表的俄国工人报刊在 20 世纪初的活动对当时俄国的社会发展起到了重要作用。它们不仅为俄国工人阶级开展社会民主革命活动提供了思想和理论指导,搭建了发声平台和宣传阵地,还成为无产阶级与沙皇政府及地主资产阶级论战的有力武器,此外这一时期工人报刊的创办和运营实践也为十月革命后工人报刊的创办和运营积累了宝贵经验。从文化领域看,20 世纪初期俄国工人报刊的发行促进了马克思主义在俄国的传播,对破除封建专制、促进文化领域发展,尤其是促进印刷出版业和报刊新闻业的发展起到了积极的推动作用。

思考与练习

1. 彼得大帝的文化改革包括哪些内容?此次改革产生了什么样的影响?

2.《莫斯科新闻》与当时的官办报刊相比有什么区别?

3. 叶卡捷琳娜时期的审查制度对俄国社会和文化的发展有哪些积极作用和消极影响?

4. 请简述俄国知识分子的报刊活动并谈谈其作用。

5. 俄国工人报刊是在什么样的背景下出现的?代表报刊有哪些?产生了什么样的影响?

第二章　苏联时期的大众传媒与文化

1917 年十月革命爆发,列宁领导的布尔什维克推翻了沙皇政府的统治,俄国历史也进入了一个新的时代。1918 年 7 月,俄国正式定名为俄罗斯苏维埃联邦社会主义共和国(РСФСР)。1922 年俄罗斯与其他 14 个苏维埃社会主义共和国共同组建了苏维埃社会主义共和国联盟,简称苏联(СССР)。苏联时期的文化和传媒领域发展迎来了前所未有的变化。在大规模社会主义建设、第二次世界大战、美苏冷战等一系列重大事件的推动下,苏联文化领域发生了颠覆性变化。同时苏联传媒业也开始快速发展,在传统的报刊基础上又出现了广播、电视等新兴媒介。

第一节　列宁的文化理论和办报思想

一、列宁的文化理论

从筹备组建无产阶级政党时起列宁对文化问题就极度重视,无论是在十月革命前还是在俄罗斯苏维埃联邦社会主义共和国以及苏联成立后,列宁都十分关心文化问题。文化理论也是列宁主义理论遗产中最重要的部分之一。与沙俄时期的知识分子不同,列宁将文化问题与政治、社会等领域的问题紧密结合在一起,并将文化领域工作视为其他领域工作的前提和基础。在这种思想的指导下,列宁提出了独具特色的文化理论。

(一)“两种文化”理论

“两种文化”理论早在十月革命之前便已产生。19 世纪末 20 世纪初的俄国正处在资本主义迅速发展时期,而工人阶级作为新生力量也在不断成长和壮大,共产主义思想在工人群体中传播开来,但整体力量仍然非常薄弱。面对当时俄国社会上的各种思潮,亟须无产阶级的理论纲领指导当前的国内工农运动发展,正是在这样的背景下“两种文化”酝酿而生。1912 年至 1913 年期间,列宁先后撰写了《民族问题提纲》《论“民族文化”自治》《关于民族问题的批判意见》《论民族自决权》等文章,揭露了当时社会上打着“民族文化”旗帜来达到政治目的的社会组织和团体。在与反对派论战的过程中,列宁在文化层面上的认识也不断提升,“两种文化”理论也在这一过程中逐渐形成、发展与完善。列宁提出:任何一个民族内部都有两个相互对立的阶级,任何一种民族文化内部也一样存在两种相互对立的部分。就当时的俄国社会而言,统一的俄罗斯民族逐渐划分为资产阶级和无产阶级两个对立的部分,统一的俄罗斯文化也相应地划分成资产阶级文化和无产阶级文化两部分。这两种文化成分在对抗的同时,也会以相互渗透的方式呈现。

苏维埃政权成立后,“两种文化”理论始终是布尔什维克党在文化建设领域的基础性政策。该理论也被应用到文学领域。1932 年卢那察尔斯基(A.B. Луначарский)在《列宁与文艺学》一文中指出:当前文化领域的主要任务是铲除民族文化中普利希克维奇(В.М. Пуришкевич)、古契科夫(А.И. Гучков)和斯特鲁维(П.Б. Струве)所代表的资产阶级文化,同时培养车尔尼雪夫斯基和普列汉诺夫所代表的无产阶级文化。在卢那察尔斯基的其他文章以及列宁、托洛茨基(Л.Д. Троцкий)等人的论述中也会看到类似的观点:将当时的俄罗斯文学划分为两个对立的部分——新生的无产阶级文学以及之前的旧文学。

应该指出,列宁的“两种文化”理论是在当时俄国特定的历史阶段,针对俄国国内有关“民族文化”“民族文化自治”特定的历史问题提出来的。它具有特指的对象和特定的含义,在承认文化具有阶级性的同时并不否认文化具有民族性特点,但在当时的背景下,文化的阶级属性表现得更为突出,而文化的民族性特点则被弱化了。这也是“两种文化”理论的局限性所在。但不可否认的是,“两种文化”理论为当时的俄国无产阶级思想建设起到了指引的作用。

(二)文化革命理论

除了“两种文化”理论外,文化革命理论是列宁提出的文化领域的又一个重要理论。文化革命理论是在列宁深刻认识文化问题重要性的基础上提出的,列宁认为:“在完成了世界上最伟大的政治任务后,我们接下来要解决的是另一些问题,即文化问题。”列宁认为,如果不能妥善解决文化问题,不能有效提高人民文化水平,就无法实现技术和生产力的发展,无法完成既定的社会经济任务。正因如此列宁才强调文化革命对于苏联国家和社会发展的重要性。列宁认为,文化革命是建立和巩固社会主义物质生产基础的前提及影响因素。列宁甚至提出,成功进行文化革命可以使苏联成为真正意义上的社会主义国家,因为社会主义社会是由具有较高文化修养和思想觉悟、受过良好教育的劳动者组成的社会。

列宁将文化革命的本质解释为消除资本主义社会中人民与文化之间的鸿沟。他曾说:“之前人类所有的智慧和才能所创造出来的一切都只是为了给其中一部分人提供文化和技术带来的各种福利,而另一些人得到的只有教育和发展等必需的东西。如今技术和文化的一切成果都将变成全民的财富,从现在开始人类的所有智慧和才能都不再是暴力和剥削的工具。”列宁提出的文化革命的根本目的是让文化和经济技术发展的成果不再只为少数人所用,而是让全体民众都能享受到社会发展带来的福祉。同时,进行文化革命的目的还包括让苏联摆脱当时面临的重重困难:成立之初的苏联在经济实力、技术水平等方面落后于欧美强国,国家的小资产阶级属性仍然存在,农民文盲率极高,物质基础匮乏,等等。

教育改革是列宁“文化革命”的重中之重。面对国内文盲率居高不下、居民文化水平亟待提高的局面,列宁决心大力开展教育改革。教育改革的首要任务是降低国内文盲率,提高全民文化水平。1918 年列宁就设立了人民教育委员会负责教育改革工作,两年后该部门更名为国家政治教育委员会,负责国内扫盲工作;在地方层面设立了大量的基层图书馆、乡村阅览室、读书俱乐部(又称“红帐篷”),并规定所有 50 周岁以下的成年人都要去接受教育,共青团员和农村知识分子则承担临时教师的工作。在这样的努力下,俄罗斯苏维埃社会主义联邦共和国的城市、农村居民识字率分别从 1920 年的 73.5%和 44.1%上升到 1932 年的 97%和 90.3%,苏联人民的人均文化水平大有改观。苏联扫盲的成功经验之后也被世界很多国家借鉴。

除了进行文化教育外,列宁“文化革命”在教育领域的另一重大举措是对国民,尤其是对青少年进行社会主义和爱国主义教育。列宁一直将培养热爱祖国、心系人民的年轻人视为基本国策,因此社会主义教育和爱国主义教育渗透到了苏联各级别教育当中。这一时期成长起来的年轻人拥有强烈的集体主义和爱国主义情怀,他们不仅做好了为祖国发展和人民幸福努力工作的准备,还随时准备在祖国遭受危难的时候挺身而出保卫祖国,数年后正是这一代人帮助苏联在第二次世界大战中获胜,成功守护了自己的祖国。

在努力完成教育领域改革任务的同时,列宁还着手解决文化革命的另一个主要任务——处理社会主义建设过程中新生的文化与其他文化间的关系。当时有人提议要树立纯粹的无产阶级文化,为此要彻底摒弃旧文化。列宁坚定地将马克思主义作为社会主义文化的意识形态基础,并且反复强调了社会主义文化的阶级属性。但同时他并不排斥资本主义文化的某些组成部分。列宁认为:

如果不学习使用资本主义文化、技术和机制，社会主义文化建设也无从谈起。此外他还注意到苏联的社会主义文化包含两部分——无产阶级工人文化和农民文化，在文化革命理论中，工人阶级和农民阶级不仅仅是政策的被动接受者，更是争取革新和发展的主动参与者。

列宁的文化革命理论是在苏联建立初期国力较弱、人民整体文化水平不高、社会主义文化尚未建立健全的背景下提出的，该理论在实践中的应用显著地提升了国民素质和受教育水平。同时，列宁关于社会主义文化与资本主义文化间关系的论断也深刻揭示了两种文化间关系的本质，该论断对之后社会主义文化的建设和发展有重要的指导意义。

二、列宁的办报思想

列宁对报刊出版事业非常重视，从 19 世纪末 20 世纪初开始列宁就亲自参与或指导报刊的出版发行，十月革命胜利后，列宁及其所领导的布尔什维克党继续将报业作为巩固苏维埃政权和进行社会主义建设过程中的重要环节并给予了高度重视。在这一时期列宁发展了马克思和恩格斯的报刊思想，并结合苏联实际对无产阶级报刊的性质、任务、功能等问题进行了深入研究，提出了一系列办报原则。列宁的办报思想可以总结为以下几个方面。

（一）报刊具有宣传组织功能

早在 1901 年列宁就曾撰文指出："报纸的作用并不只限于传播思想、进行政治教育和争取政治上的同盟者。报纸不仅是集体的宣传员和集体的鼓动员，而且是集体的组织者。"[①]这说明无产阶级报刊不仅要像其他报刊一样起到传播信息的作用，还要充分发挥其宣传功能和组织功能。十月革命前的无产阶级报

① Ленин В И. С чего начать？［EB/OL］.（1901-05）［2024-03-26］.http://az.lib.ru/l/lenin_w_i/text_1901_s_chego_nachat.shtml？ysclid=lu7yvbfizg346715528.

刊已经承担了传播马克思主义、批判以“经济派”为代表的机会主义思潮的任务,苏维埃政权建立之后,报刊除了继续承担这些任务之外,还发挥着宣传党的政策、巩固苏维埃政权、强化群众基础、鼓动群众参与社会主义建设等新作用。

(二)报刊具有党性原则

十月革命之前的无产阶级报刊是马克思主义的传播平台以及与反动思想论战的理论阵地,同时无产阶级报刊还在布尔什维克党成立的过程中发挥了不可替代的作用。苏维埃政权建立之后,列宁继续强调党对报刊的领导作用,即强调报刊的党性原则。列宁指出:报刊事业应该成为无产阶级事业的一部分,报刊领域的从业者要成为无产阶级的先锋队,成为社会主义机器的齿轮和螺丝钉。报刊事业应该被纳入党有组织有计划的工作中。同时列宁还大力倡导党员参与办报,让此类报刊成为党内各部门的机关报,党员所办的报纸应该接受党的监督,应该为广大人民服务。从以上观点不难看出,报刊成为联系党、党员和人民群众的桥梁和纽带,党通过自身成员所办的报刊向群众传播信息、宣传思想,同时党负责对报刊内容等方面进行监督和检查,这便是列宁所强调的报刊党性的内涵。

(三)重新审视新闻和出版自由原则

早在俄国无产阶级发展初期,工人报刊就频繁遭遇沙皇政府和资产阶级的打压和限制,这让列宁意识到新闻出版自由对无产阶级的重要性,因为只有争取到新闻出版自由,无产阶级才可以更充分、更广泛地宣传马克思主义思想。他在早年起草的社会民主党纲领草案中就把争取新闻出版自由作为党的重要奋斗目标之一。除此之外,列宁关于新闻出版自由阶级属性的论断在当时也具有开创性意义。1917 年他在《关于出版自由的协议草案》中一针见血地指出:资产阶级的出版自由是“富人的出版自由,是由资本家霸占报刊”。在苏维埃政权建立初期,面对国外资本主义报刊的大肆攻击诽谤,列宁尖锐地批判资产阶级出版自由的虚伪性，并坚决提出不能让资产阶级以“出版自由”为借口来进行反动宣传，诋毁新生的苏维埃政权。在列宁的不懈努力下布尔什维克党成功地抵制了西方资产阶级报刊的诋毁和诽谤，并逐步巩固了无产阶级政权，进一步发展了无产阶级的新闻思想。

（四）报刊具有社会服务属性

在苏维埃政权逐渐稳固之后，苏联进入了大规模的社会主义建设时期，这一时期经济发展成为苏维埃政府的核心任务。在此背景下，列宁提出了“报纸刊物应该成为宣传社会主义建设的重要平台”这一新方针。1918—1920年间，列宁撰写了《苏维埃政权的当前任务》《论我们报纸的性质》《生产宣传提纲》等文章，这些文章都透露出报刊业发展的新方针：将报道重点放在对人民群众进行经济教育上来；报纸刊物要少谈政治、多谈经济；要用生活中的生动的具体的实例来教育群众，要努力报道在社会主义建设中发生的平凡、质朴但却真实的事件。从这些论断中不难看出，列宁尤其重视社会主义建设时期苏联报刊的社会属性，将其作为对广大民众进行经济教育、宣传苏联经济建设成果和典型个案的平台。该方针出台后，苏联报刊等出版物在经济建设过程中发挥的作用愈发明显。

（五）重视群众办报

20世纪初期列宁在其参与指导的《火星报》和《曙光》杂志，以及其撰写的文章《给同志们的信》中曾多次提到一定要让所有的社会民主党人、有觉悟的工人和一切革命民主主义者都来写稿，都来报道有关建设的消息，发表自己的意见，介绍自己的经验。他还强调要让成百上千的工人都为报纸写稿或写信，反映生活、工作中出现的问题，提出批评、意见和建议，否则，这份报纸就不配称为社会民主党的机关报。苏维埃政权建立以后，列宁要求把办报同群众监督联系起来，强调把开展批评、进行舆论监督列为社会主义报刊的重要任务。在这一方针的指导下,苏联时期的报刊发展拥有了牢固的群众基础,形成了良好的舆论监督机制,这有利于苏联报刊业的发展,有利于苏联报刊发挥各项作用。

第二节 苏联社会主义报刊体系的形成

列宁及其领导的布尔什维克党经过十月革命及之后的社会主义建设阶段的不懈努力,建立并逐步巩固了苏维埃政权,在此过程中报刊等出版物发挥了重要作用。政权稳固之后,列宁依然高度重视新闻出版工作,在他的关心和指导下逐步建立起了苏联社会主义报刊体系。

一、列宁时期苏联社会主义报刊体系的形成

社会主义报刊早在19世纪末20世纪初就已经出现,但在发展的过程中面临重重困难。1905年革命失败后,资产阶级和无产阶级间的矛盾进一步激化,直至十月革命胜利,苏维埃政权站稳脚跟后,国内资产阶级残余势力以及其他帝国主义势力依然通过各种手段对新生政权进行诋毁和诽谤,并以新闻出版和言论自由等为武器攻击无产阶级,无产阶级报刊发展面临巨大的外部压力。当时国内的无产阶级报刊仍处在起步和发展阶段,群众基础较为薄弱,报刊种类和数量远不能满足布尔什维克党的实际需求,新生的苏维埃政权亟须完善自己的报刊体系,以更好地开展社会主义建设服务。

(一)颁布相关法令,为社会主义报刊体系建设打牢立法基础

十月革命爆发前后列宁相继签署了《关于出版问题的法令》《关于成立报刊革命法庭的法令》《关于国家广告业务的法令》等一系列法律文件。1918年通过的第一部宪法也对报刊和新闻出版行业做了规定。这些法律文件对无产阶

级报刊的发展方向、对反动报刊的惩治措施等问题进行了规定,为苏联社会主义报刊体系的形成提供了立法保障。正是有了这些法律文件,无产阶级报刊才得以健康发展。在宪法颁布后的一个月内,包括《新时代报》《言论》《俄罗斯意志》《交易所新闻》和《新俄罗斯》在内的多份反动报刊被革命军事委员会查封。根据 1918 年 2 月 22 日人民委员会发布的《关于成立报刊革命法庭的法令》,决定设立报刊革命法庭来处理反动报刊。该法令对报刊革命法庭的组成、审理程序等做了明确规定,并授权报刊革命法庭可以通过罚款、查封以及没收资产等方式对反动报刊进行打击。在列宁及布尔什维克党的不懈努力下,苏维埃政权在 1919 年底之前查封(关停)了大部分反动势力报刊(报社)。

(二)给予财政支持,为无产阶级报刊发展保驾护航

苏维埃政权建立初期,国家财政状况面临严重困难,但即便在这种情况下,列宁还是在 1917 年 12 月签署法令,从国家财政预算中拨款 44.8 万卢布以预算外开支的形式拨付给印刷厂,用于支持革命报刊的出版。苏维埃政府还将罚没的资产阶级报刊出版设施用于无产阶级报刊的出版发行工作,《真理报》《士兵真理报》和《贫农报》等无产阶级报刊都是在原资产阶级报刊的印刷厂印刷并最终发行的。经济因素是报刊发行过程中的关键因素,对于处在起步和发展阶段的无产阶级报刊尤其如此。政府的经济支持给无产阶级报刊的发展提供了更多的保障,帮助其渡过了难关,顺利发展。

(三)积极开展动员,巩固无产阶级报刊的群众基础

苏维埃政权建立初期,无产阶级报刊的群众基础还有待加强,列宁也深刻认识到了这一点,为了巩固和扩大无产阶级报刊的群众基础,他大力倡导所有社会民主党人参与报刊投稿。他还大力呼吁有觉悟的工人以及其他革命人士为报刊投稿 、提供消息、发表意见、分享经验、反映工作与生活中的问题等。苏联成立后列宁还吸引人民群众参与报刊监督,为无产阶级报刊活动提意见。这一

系列举措让无产阶级报刊的群众基础日渐扎实起来,社会主义报刊体系开始有了深厚的群众土壤。

上述几方面的措施为无产阶级报刊的发展提供了良好的条件。随着苏维埃政权的逐渐巩固以及大规模社会主义建设的开展,苏联的无产阶级报刊体系也逐渐形成。在列宁办报思想的指导下,苏联形成了以中央报刊为主、地方性报刊为辅,以党的机关报为主、服务专门领域读者的专业性报刊为辅的社会主义报刊体系。在该体系中,中央报刊,尤其是党的机关报占据核心地位。自20世纪初期以来列宁参与和指导了多份无产阶级报刊,其中一些在十月革命后依然活跃。这一时期苏联的主要社会主义报刊包括:创办于1917年的《真理报》,这也是布尔什维克党的中央机关报;创办于1917年3月的《消息报》,该报的前身是被孟什维克和社会革命党人控制的《彼得格勒工兵代表苏维埃消息报》,布尔什维克夺回该报控制权后将其改名为《工兵代表苏维埃中央执行委员会消息报》;创办于1918年11月6日的《经济生活报》,该报是最高国民经济委员会机关报,是在列宁的亲自指导下创办起来的以经济宣传为主要任务的报纸;创办于1918年11月9日的《民族生活报》,该报是斯大林领导的民族事务人民委员会的机关报,主要任务是宣传党的民族政策;创办于1921年的《劳动报》,该报是苏联全国工会中央理事会机关报,在工人群体中有广泛影响;1923年创办的《红星报》,该报最初是红军总部机关报,后成为苏联国防部机关报;1925年创办的《共青团真理报》,该报是苏联共青团机关报,主要面向广大青年读者。到1925年时,苏联共出版报纸589种,其中农民报纸141种,少数民族报纸153种。这些报纸在动员人民抗击反革命势力、保卫苏维埃政权、积极恢复社会经济等方面,发挥了重大的作用。此外,1921—1924年"新经济政策"执行期间,政府开始允许私人报刊运营。但后来因为私人报刊中经常出现反动言论,影响社会主义建设,政府开始相继对这些报刊进行经济制裁,最终导致私人报社纷纷倒闭。

二、斯大林时期社会主义报刊体系的变化

1924年1月,列宁因病逝世。作为联共(布)总书记的斯大林,接任党和苏维埃政权的领导工作。斯大林接任初期沿袭了列宁时期的报刊政策,但是在这之后的十几年间苏联的社会环境发生了显著变化,苏维埃政权的主要任务也发生了改变。1926—1929年的苏联工业化进程以及1930—1934年的农业集体化进程让苏联的经济实力和综合国力得到了提升,1928年起的三个五年计划的实行进一步加快了苏联发展的步伐。在经济发展的同时,苏联的政治、文化和社会生活等领域也发生了一系列变化,苏联社会主义报刊体系在这一时期呈现出以下几个新趋势。

一是社会主义报刊体系进一步发展和完善。这一时期中央级的报纸有所调整和增加。1938年,《消息报》成为苏联最高苏维埃主席团的机关报,报名为《苏联劳动者代表苏维埃消息报》。经过改组后,《消息报》的地位和影响仅次于《真理报》,成为一份指导性的报纸。《经济生活报》1937年改名为《财政报》,1941年因法西斯德国入侵、苏联报刊结构调整而停刊。《贫农报》于1931年与《社会主义农业报》合并。新创办的中央级报纸有《文学报》(1929年创办的苏联作家协会机关报)、《莫斯科新闻》(1930年创办的从事对外宣传的周报)等,新创办的地方报纸数量则更多。至此苏联形成了从中央到地方层层办报的金字塔社会主义报刊体系。据统计:1928年全国有报纸1197种,每期发行量为940万份;到1940年报刊种类增加到8806种,每期发行量为3840万份。

二是在报刊内容上,经济宣传所占比重明显提升。1926—1941年间苏联国内的主要任务是加强经济建设,报刊的报道重点也集中在对经济建设的报道上,苏联国内从中央到地方的各级报刊都加大了经济宣传力度。在第一个五年计划期间,党中央机关报《真理报》围绕与基本建设有关的一些重要问题——重工业的分布、国内资源的利用、综合材料的供应以及工程设计等展开讨论与宣

传,并吸收有关专家参与报纸工作,以便更加深入地阐述这些重大经济问题。第二个五年计划期间,1935 年 8 月掀起了斯达汉诺夫运动。由顿巴斯煤矿工人斯达汉诺夫发起的这场运动,是一场以突破旧定额、创造新纪录、大幅度提高劳动生产率为主要内容的社会主义竞赛运动。在报纸的宣传和推动下,这一运动很快由矿井扩展到全国,从工矿企业到商业部门,从国有农场到集体农庄都涌现出一大批斯达汉诺夫式的工作者,他们极大地提高了劳动生产率,对五年计划的提前完成起到了重要的促进作用。在此期间,苏联报纸各显其能,推出一系列新的宣传报道形式,如:组织劳动竞赛的评奖活动,公布评比结果,推广先进经验;组织流动编辑部,办增刊,出号外;等等。这也使旨在提高劳动生产率的行业性的竞赛活动转而变为全民性的群众运动,有力地促进了社会主义建设事业的发展。

三是报刊指导思想曾经出现偏颇。20 世纪 20 年代党内的政治斗争形势呈现出严峻化趋势,20 世纪 30 年代初斯大林又发动了意识形态领域的批判运动。这场批判运动从批判经济学界的资产阶级和小资产阶级理论开始,逐渐蔓延到其他社会科学、人文科学和自然科学领域,最终席卷整个苏联知识界。在批判运动期间,学术争论也开始被套上了政治斗争的枷锁。随着批判运动的不断发酵,这场批判运动与党政军队伍大清洗、肃反运动扩大化等交织在一起,给整个苏联知识界带来了一场大灾难,众多知识分子和相关领导干部惨遭逮捕、监禁甚至杀害。这一时期从中央到地方的苏联各级报刊秉承以斯大林为首的苏联领导层旨意,大规模刊发批判反对派的内容,并且在涉及重大历史事件时采用统一口径,这样不仅违背了列宁时期的办报思想,也有悖报刊新闻的基本原则。这一时期的苏联报刊已经成为斯大林政府开展大规模批判运动的工具,对批判运动的开展起到了推波助澜的作用。20 世纪 30 年代后期,斯大林开始无视民主集中制原则,大搞个人崇拜,这一时期的苏联报刊也沦为了斯大林个人的传声筒,报刊内容完全取决于以斯大林为首的最高当局的意愿,有时报刊为了符合最高领导层的旨意甚至不惜发布假新闻。例如,卫国战争爆发前夕,已经有几个方面传来了德国准备进攻苏联的可靠情报。但是斯大林不相信,反而授意党的机关报《真理报》出面“辟谣”,说“德国企图进攻苏联的流言蜚语是没有任何根据的”。结果,这条消息登出后的第八天,德国法西斯就向苏联发动了大规模的进攻。这一时期的苏联社会主义报刊体系虽然保持了完整的建制,但功能上却严重违背了列宁时期的办报思想。

纵观十月革命前后到第二次世界大战之前的苏联社会主义报刊体系,可以发现苏联的社会主义报刊形成了以中央各单位机关报为核心,以地方报刊和专业性报刊为辅助的金字塔式结构,苏联社会主义报刊的主要功能包括信息功能、宣传功能、论战功能等。列宁时期的苏联社会主义报刊体系初具雏形,斯大林统治初期该体系进一步完善,但从 20 世纪 20 年代末至第二次世界大战前由于斯大林错误地发动批判运动以及个人崇拜之风盛行,苏联的社会主义报刊体系背离了列宁最初的办报思想,其功能也受到了较大限制。

第三节　苏联广播电视业的起步与发展

在报刊业快速发展的同时,苏联时期的广播电视业也开始起步。相比报刊,广播电视承载的信息量更大,传播形式更加丰富,传播时效性更强,受众接受度更高,这一系列优势也使广播电视业拥有比报刊更加广阔的发展前景。苏联广播电视业的诞生和发展表明苏联时期大众传媒业进入了新的发展阶段。

一、苏联广播业的诞生与发展

(一)无线电技术的出现与无线电通信的发展

无线电技术发明于 19 世纪末,该技术的奠基人是俄国科学家波波夫(A.C.

Попов)和意大利科学家马可尼(G. Marconi)。1895年5月7日被誉为无线电的诞生日。这天,喀琅施塔得的水雷军官学校教员波波夫在科学家的会议上演示了世界上第一个接收远距离电磁波的仪器。在俄国物理、化学协会物理分会的会议上,波波夫作了题为《金属粉末与电子振动的关系》的报告并演示了一部接收机,该设备就是现代无线电接收设备的雏形。波波夫还畅想未来将该设备用于远距离信号传送。但令人惋惜的是,世界上第一台无线电接收机以及世界上第一份无线电报的发送与接收这两项重大科学发明在当时并未得到应有的重视,沙皇政府对波波夫的此项重大发现非但没有给予重视,反而不愿将此事公之于众而将其做保密处理。同年,意大利发明家马可尼成功地进行了约3公里的无线电通信,并于1896年在英国取得第一个专利,获准到世界各地推广他的无线电报系统。1897年,世界各国开始纷纷报道马可尼的重大发明,沙俄政府才意识到波波夫的发明的意义和重要性,随即决定允许波波夫将此项发明公之于众。

无线电技术发明之后,各国开始大规模进行实验,探索无线电通信技术。1900年1月中旬,沙俄开始建立真正的无线电通信线路,俄国也因此成为世界上最早建设无线电通信设施的国家之一。同年2月5日14时15分,正在哥格兰岛上检验机器设备的工作人员雷布金从耳机里听到无线电发来的一个意外消息,这是波波夫从库特沙洛发出的海军总部领导人的命令:在拉温萨里发现冰块及50名渔民,处在哥格兰岛附近的破冰船“叶尔马克”必须立即出海抢救遇难的人们。无线电及时将命令传达给哥格兰岛上的破冰船“叶尔马克”,因为解救及时,渔民们都安然无恙,他们的得救完全归功于无线电。这一事件给全世界留下了深刻的印象,各大报纸争相报道这位俄国科学家以及他伟大的发明。1945年,为了纪念无线电发明50周年以及45年前哥格兰岛无线电救援事件,苏联政府在哥格兰岛上设立了纪念碑。此后,第一条无线电通信线路不间断地工作了三个月,在此期间共发出400余条电报信息,电报信息最大长度达100余词。

沙俄时期无线电技术的出现和无线电通信的发展为苏联广播的诞生创造了条件,但沙俄政府对本国的科学研究与发明不够重视,甚至采取压制和反对的态度,使俄国的无线电技术没有在第一时间获得充分的重视与开发。另一方面,沙俄政府对西方国家的无线电设备采取容忍甚至包庇的态度,这也间接地阻碍了俄国自身无线电技术的发展和普及。

(二)列宁积极推进建立"不要纸张、没有距离"的"报纸"

十月革命之前,俄国的无线电主要用于通信领域,且多为军用。直到 1917 年俄历 10 月 25 日,列宁通过无线电发表了《告俄国公民书》,宣言随着无线电波传遍全国,也传到了前线和国外,这标志着无线电开始应用于俄国的民用领域,也标志着俄国广播事业就此开端。1917 年 11 月俄国首次通过无线电报的方式报道国内的重大事件,1919 年出现了第一个广播节目,1924 年出现了定期播出的广播节目。苏维埃政权从建立初期就高度重视广播的发展,并将其作为重要的通信、信息、宣传和鼓动手段。列宁首先提出要在国内发展广播事业,他不仅把无线电技术当成通信的手段,还将它定义为可以直接向广大劳动人民群众说话的工具。列宁提出运用无线电为劳动群众播报政治新闻、报纸材料、演说、报告的大胆设想,也就是建立"不要纸张、没有距离"的"报纸"的设想。苏维埃政权成立之后,列宁把无线电技术和广播事业发展提升到了传播政治思想的高度,他的设想和理念也迅速在党内引起共鸣。

1920 年 3 月 17 日,列宁签署、政府审核并通过了建设中央无线电广播台的法令草案,规定用最快的方式建造中央无线电广播台,收听半径不少于 2000 公里,电台地址选在莫斯科。该法令的通过标志着新生的苏维埃政权开始从国家高度和法律层面对广播事业的发展进行规划,这也是世界上最早出现的广播领域的国家决议之一。根据该法令的规定,除了莫斯科外的其他城市,包括下诺夫哥罗德等地也开始试运行自己的广播电台。得益于经济发展和技术进步,这一时期的无线电发射和接收设备的性能有了大幅度的提升,这期间,实验发射机的功率从 20 千瓦增加到 150 千瓦,收听半径在 500 公里左右。1920 年春天,实验电台的功率增加到 800 千瓦,辐射范围也显著扩大。同年秋天国内开始研发新型电子管无线电发射机,同时建立了世界上第一个功率为 5 千瓦的无线电台,其辐射范围达到 2000 公里。1922 年一台功率为 12 千瓦的无线电发射机在莫斯科投入使用,这标志着苏联的无线电技术又上了一个新台阶,这一时期苏联的无线电设备达到了世界领先水平,当时的莫斯科电台是世界上发射功率最大的电台。

(三)打造社会主义广播多样化形态

技术进步和设备革新为广播发展奠定了坚实的基础。1920 年秋,莫斯科电台开始由第一批播报员播送政治新闻,朗读报纸、杂志文章。在后来的发展中,苏联广播节目的类型和形式不断丰富,出现了广播报道、广播谈话节目、评论等多种节目类型;节目形式方面涌现出广播报纸、广播杂志、广播通报等。"广播报纸"是当时广播节目的一个特定呈现形式,在相当大程度上促进了广播业务水平的提升。它一方面借鉴报纸的材料和经验,同时也发展了广播特有的宣传和组织群众的形式与方法。"广播大会"是其中的典型形式。"广播大会"是对为数较多的听众团体进行广播的形式之一,这种形式可以使群众性的问题得以被广泛关注和讨论,吸引广播听众参加,它在调动广播听众的积极性方面起到很大的作用。运用报纸的经验,广播得以组织较为具体、有生活气息并符合工人与农民群众要求的节目,其中主要有《工人广播报》和《农民广播报》。《工人广播报》由社论、广播宣传讲话、党的生活、工人生活、特写小品文、莫斯科新闻、科技小品几个部分组成,此外还播送无线电台建设的新闻、体育新闻、戏剧与电影评论、书刊介绍、广播信箱等。《农民广播报》则有短评、国际新闻、综合评论和介绍农业书籍等,《农民广播报》很快在农村赢得了阵地,听众纷纷写信来向编辑部建议如何更好地组织广播报纸,每天可以收到五六十封来信。此外,这一时期广播节目的内容还出现了儿童和青少年节目、音乐节目、体育节目等不同节目品类。广播在提高劳动人民美学修养、启发人民对现实的创造性及接受美好事物的能力方面也发挥了巨大的作用。广播音乐节目向人民介绍世界各地的音乐,主要有俄罗斯古典音乐、西欧古典音乐和东方国家的音乐作品,旨在提高人们的音乐文化素质和培养各族人民之间的深厚友谊,并定期播送苏联大剧院与实验歌剧院的国内外经典剧目,如《叶甫盖尼·奥涅金》《鱼美人》《魔王》《伊戈尔王子》《卡门》《浮士德》《罗密欧与朱丽叶》等。

为了增强广播的收听效果,苏联广播委员会专门制定了广播工作的方针,例如中央台与地方台的节目内容应该进行差异化设置,广播应该让听众从偶然收听过渡到系统收听,节目设置应该考虑到听众的年龄和成分,内容应具有针对性。这些规定是苏联时期制作广播节目的基本原则,对听众部分的考量则可以看作苏联早期的受众研究。

1925 年,苏联广播首次通过广播报道的方式对莫斯科红场上进行的十月革命纪念活动对外转播,这标志着苏联广播开始对国内重大事件进行实时追踪报道。1931 年成立了苏联广播委员会专门负责广播发展的有关问题,一年后在各加盟共和国和州又相继成立了 12 个地方广播委员会,自此中央和地方两级广播管理体制逐渐成形,苏联广播业发展有了更好的制度和管理保障。自 1932 年起《新闻播报》节目开始定期播出,苏联的广播逐步进入正规化、常态化发展阶段。

(四)广播成为激励人们参与国家建设的重要阵地

1928 年至 1932 年是苏维埃国家开始发展经济的第一个五年计划时期,也是社会主义建设的重要阶段。当时,改造苏维埃经济、加快社会主义建设的速度成为国家的首要任务。工业化要求优先发展重工业,这意味着广大人民要付出艰辛的劳动,而动员劳动人民积极参加社会主义建设成为广播的任务之一。为了配合国家降低开支、最大限度节省原材料的政策,各大电台纷纷开展"为节约而斗争"活动,将《为节约而斗争》作为固定节目,并运用短评、消息、通讯等形式系统介绍节约的方法、如何合理利用材料、国家统计与监督的意义,并强调为节约而斗争是每个劳动者的责任。通过努力,当时工业品出厂价格平均降低了7%,其中个人消费品平均降低了8.9%,零售价格降低了6.3%。

对农广播始终是与苏联农业化、机械化相匹配的重要内容。直属联共(布)中央的宣传会议指出,广播的历史使命在于“走向农村,提高农村,把农村连接到我们的政治生活、文化及其他种种问题上”。广播为农民播出了农田的管理方法和关于农艺与动物饲养的报告,农民对广播也表现出极大的热情。这一时期有线广播的有效覆盖深入至企业、集体农庄、学校、街道以及公共场所,广播的到达率得到制度性保障。通过广播,苏维埃政权在农民群众中进行科学文化教育工作,破除一切偏见和迷信,提高农民在农业方面的文化水平并使人们了解国际形势,教导青年人如何合理安排时间,等等。对农广播节目在1928年占中央广播电台全部广播量的35%—38%。

为配合社会主义国家建设,莫斯科电台播出的节目主要包括《苏联的工业化》《苏联的文化建设》等,节目向人们解释了五年经济建设的基本目标和方向,《五年后的苏联》系列节目则激起听众的极大兴趣和劳动热情。此后,在第二个五年计划期间,苏联广播的物质基础和技术条件得到了有效的改善。1933年通过了在苏联人民委员会下建立全苏无线电和广播委员会的决议,并明确规定了其职责和任务。到1937年末,无线电接收机已经有大约500万台,并且开始采用录音方式播送节目。

苏联时期的广播接收装置也在全国范围内得到推广和普及。1925年10月,苏联国内有24750台注册过的无线电接收机,一年之后达到了82860台,1928年已经增加到了326285台。当时用于集体收听的无线电设备为14749台,其中4993台在农村。无线电台的建设也快速地进行着。1924年,仅有10座无线广播电台,1926年增加到48座,1928年达到65座。为了扩大广播网,专家们建议运用更广泛的有线通信手段,也就是建立转播中继站。这种方便、简单的有线广播手段很快得到广泛普及并占据了优势。另一方面,为了满足苏联及其加盟国各地区、各民族人民的收听需求，中央和地方各级广播电台除了以通用语俄语为播报语言外，还以乌兹别克语、阿塞拜疆语、拉脱维亚语、立陶宛语、塔吉克语、爱沙尼亚语等苏联加盟共和国语言以及各少数民族语言来播报节目，这一时期还出现了以德语、英语、法语等其他国家语言播报的节目。多语种广播节目的播出不仅满足了各加盟国和各民族人民的收听需要，还将苏联广播的影响范围扩大到欧洲其他国家，因此可以说多语种广播节目促进了苏联广播的普及。从十月革命到第二次世界大战前的二十几年中，苏联广播业经历了起步和初期发展阶段，凭借着当时世界领先的无线电发射接收设备和技术，以及党和政府的高度关注及大力支持，苏联广播成功地发展了起来。在中央和地方两层管理体制的协助下，逐渐形成了多语种、多品类、多形式的广播节目体系，覆盖范围不仅包括苏联各加盟国，还包括其他欧洲国家。虽然这一时期苏联广播的主要功能是传播信息，但可靠的技术设备支持以及党和政府的管理为苏联广播发挥宣传和鼓动功能打下了良好基础。

二、苏联电视业的诞生

相比广播，电视在苏联出现得较晚，且早期发展缓慢，直至20世纪60年代才开始常态化发展。即便如此，凭借信息量大、传播形式丰富、影响范围广等优势，电视依旧成为苏联时期最重要的大众传媒手段之一，其影响力甚至超过了报刊和广播，并且时至今日依然保持着较高的影响力。

电视技术在沙俄时期就已经萌芽。19世纪末期巴赫梅捷夫（П. И. Бахметьев）就曾大胆提出远距离传输图像的设想，这一设想的提出与波波夫在无线电波领域的发明几乎处于同一时期。20世纪初一些科学家就已经开始着手将这一设想变为现实。1907年俄国著名的物理学家、科学家罗辛（Б. Л. Розинг）研发出了第一套远距离图像传输系统，四年后的1911年5月9日他进行了世界上首次电视转播实验。但这一时期电视技术的发展并未得到应有的重视，由于战争的需要，更多的人力、物力、财力被投入到无线电通信技术领域，而电视技术的发展则多年来一直处于接近停滞的状态，直到20世纪30年代末期形势才有所改观。在政府的支持下，苏联电子技术所、莫斯科通信研究所、彼得格勒康明坦无线电工厂等开设了专门的实验室进行电视技术研发。

苏联电视技术的发展经历了以下几个主要阶段。

(一)机械电视阶段

1929年，位于莫斯科的苏联电子技术所开辟了专门的实验室用于开发机械电视，很快该实验室就研发出了光学-机械电视信号的发射和接收装置。1931年机械电视装置在莫斯科进行首次试播并取得圆满成功。尽管当时的试播还只能播放没有声音的图片，但这已经是技术领域的一大进步。同年10月苏联建立起第一个广播技术中心——莫斯科广播技术中心，该中心利用中波波段定期播放电视节目，这也被视为苏联电视业发展的起点。1931年12月在列宁格勒[①]举行的苏联电视大会通过了苏联低行数机械电视广播临时标准，这也是苏联电视领域的第一份国家标准。1932年苏联首次通过机械电视播放无声电影，1934年11月5日苏联首次通过电视转播有声节目——时长25分钟的音乐会。机械电视的成功运营让苏联迈出了电视业发展的坚实一步。

(二)电子电视的发展

有了机械电视发展的经验，苏联的电子电视的发展更为迅速。1937年苏联开始建设配备电子系统的电视中心，1938年，列宁格勒电视中心开始进行电视转播，转播中所用发射和接收设备均为苏联国产，画面达到240行。同年莫斯科电视中心也开始定期转播，当年年底莫斯科电视中心开始采用美国RCA公司的设备播出符合美国标准的343行电视信号。1940年，苏联出台了电视转播主要参数国家标准，规定电视转播行数为441行，帧数为每秒25帧，自此苏联

① 圣彼得堡前称。

的电视转播开始有了统一的国家标准。1941 年,莫斯科电视中心开始改造,以便按照新国标进行电视信号的发射和接收,但由于第二次世界大战爆发而被迫中断,直至第二次世界大战后的 1948 年苏联又一次更新了电视转播主要参数的国家标准, 转播行数增加到 625 行,莫斯科电视中心才开始按照新国标发送和接收信号。

(三)彩色电视阶段

苏联的彩色电视转播始于 1953 年,苏联利用美国的 CBS 系统改造了第一个彩色电视转播系统,该系统于 1953 年在莫斯科投入试运营。但由于新系统与传统的黑白电视机不兼容,且彼时苏联电视机保有量较小,故试运营只持续了两年。后来的几年中苏联对彩色电视系统进行了改造,至 1960 年采用苏联 NTSC 标准的彩色电视开始投入常态化运营。此外苏联还测试了法国彩色电视系统 SECAM,苏联和法国于 1968 年签署彩色电视领域的合作协议,自此 SECAM 系统正式并入苏联国标。

从苏联电视转播的内容看,20 世纪 30—40 年代的电视转播多为试验性质,因此节目不固定,且持续时间较短。不过当时已经出现了通过电视播放无声电影、现场直播十月革命庆祝活动等现代电视节目的雏形。苏联电视转播中真正意义上的电视节目出现于"二战"后的 20 世纪 40 年代末,彼时黑白电子电视技术已经相对成熟。1949 年 6 月,莫斯科电视中心转播了迪纳摩足球场举行的一场足球比赛,这是苏联第一档在摄影棚内录制的节目。20 世纪 50—60 年代,电视杂志这一节目形式在苏联走红,苏联电视界相继出现《艺术》《知识》《健康》等电视杂志类节目,还出现了专门面向女性观众的电视杂志节目。60—70 年代苏联各电视台陆续开始播放青少年节目《快乐和创新俱乐部》、音乐娱乐类节目《蓝光》、影视赏析类节目《影视全景》、农业节目《农业时间》、军事节目《效忠苏联》、喜剧节目《小餐馆,13 把椅子》、法律节目《人与法》、科教节目《眼见不一定为实》及《动物世界》等。此外 70 年代初苏联还开始举办一年一度的电视节"年度之歌”。可以看出苏联时期的电视节目较为多样，不同年龄、不同职业、不同性别的观众都可以找到自己喜爱的节目。并且相比报刊和广播，苏联电视节目的宣传鼓动属性相对较弱，在内容方面有更大的自由空间。

回顾苏联广播电视业的兴起和初期发展历程我们发现：苏联广播业起步较早，而电视业由于技术发展的限制到20世纪30年代初才起步。在发展规模上，苏联广播业形成了“中央—地方”两级广播体系，而电视业发展多限于中央层面，且集中于莫斯科、列宁格勒等大城市。在管理体系上，广播业较快形成了从中央到地方的两级管理体系，相关国家标准出台也较早，而电视业的管理也都集中在中央层面，相关国家标准出台较晚，且受各种因素影响国家标准还曾发生变化。从节目类型和内容上看，广播和电视节目的类型和内容都相对比较丰富，且两者都承担着传播信息、宣传思想、动员群众的功能，只是具体功能的实现方式和实现程度有所不同。苏联广播电视业的出现和发展是继报刊后苏联大众传媒领域发展的又一重要里程碑，且在苏联历史的不同发展阶段广播和电视都发挥了积极作用。

第四节 伟大卫国战争时期的传媒与文化

伟大卫国战争（Великая Отечественная война），又称苏德战争、第二次世界大战东线战场，是指1941年6月22日至1945年5月9日期间苏联与纳粹德国及其欧洲盟国间发生的大规模武装冲突。此次战争始于1941年纳粹德国从陆路大举入侵苏联国土，终于1945年纳粹德国无条件投降。伟大卫国战争是第二次世界大战的重要组成部分，也是苏联历史中的重要阶段。这场战争给苏联的政治、经济、军事、社会生活等各方面都带来了颠覆性的变化，苏联的文化领域，特别是大众传媒领域发生了重要变化。

一、战前苏联所处的复杂的国内外环境

20世纪30年代后期苏联经过大规模的工业化和农业集体化改造,经济发展进入了新阶段。大规模工业化进程让很多从事农业生产的农民有机会学习工业技能,熟悉城市生活,这一趋势为苏联各大城市带来了大量的劳动移民,促进了苏联城市的发展。20世纪40年代初,苏联在学校开展了大规模的工业技能教育,为苏联的工业发展培养了一大批后备人才。"二战"前的苏联对在工业生产中表现优异的先进个人给予物质和精神奖励,并树立榜样供其他人学习。但同时大举进行工业化也带来了一系列问题:当时的苏联过于重视重工业和军工业的发展,忽略了与人民生活密切相关的轻工业和食品工业,这导致苏联国内物价飞涨,1939—1941年政府为了缓解紧张局势甚至不惜恢复1934年便已废止的"票证制"来稳定物价。第三个五年计划时期,苏联的工业发展已经遇到了瓶颈,经济增速也相应放缓。为了维护生产秩序,苏联政府出台了针对工业领域的一系列严苛措施,包括在企事业单位中引入劳动手册制度以防止人才外流。1939年政府出台规定,迟到20分钟视为旷工等。另外,政府对违反劳动规定者处以严格的行政甚至刑事处罚,包括扣工资、劳动改造甚至短期监禁等。此外,当时的苏联还面临严重的住房短缺问题,每位劳动者人均住房面积不足7平方米。

在政治方面,20世纪30年代开始的肃反和大清洗运动标志着这一时期苏共党内派系斗争愈演愈烈,强制移居政策使近百万人直接或间接地受到了影响。例如,这一时期部分生活相对有保障的富农遭到清算,蒙受了大量的经济损失。波罗的海三国、乌克兰西部各州、白俄罗斯西部各州纷纷加入苏联,在势力范围和领土扩大的同时苏联国内的政治形势也变得更加复杂和不可控。这一时期苏联国内的政治格局也开始发生变化,苏联人民委员会的政治作用得到提升,苏共中央政治局在制定和通过决议的过程中开始承担新的任务。1941年

斯大林任命莫洛托夫(В.М. Молотов)为人民委员会主席,后来他一路升迁至苏共中央二号人物。这些变动使政府在国家权力机关体系中的地位显著提升,工作效率也因此而提高。

这一时期的国际环境,尤其是欧洲各国的政治局势以及关系也在发生改变。1936 年西班牙右翼发动政变,很快这场政变就吸引了其他国家的加入。以苏联为代表的一些国家的左翼派支持西班牙共产党,而纳粹德国、意大利和葡萄牙等国则支持西班牙的民粹主义阵营。这场西班牙政变成为苏联红军磨合装备、检验技战术的演练场。1939 年,苏德两国签订了互不侵犯条约,之后还签订了一份秘密补充协议书,内容涉及苏德两国在波罗的海、波兰和东南欧等地区的战略利益。之后德国入侵波兰,而苏联则吞并了波兰东部各州(今乌克兰西部和白俄罗斯西部)。苏德两国以立陶宛北部边境为势力分界线。后苏联又入侵了芬兰,波罗的海三国也相继加入苏联(除克莱佩达外)。1941 年 6 月 22 日,德国无视当年的《苏德互不侵犯条约》入侵苏联,伟大卫国战争就此爆发。

二、战时的苏联文化事业

伟大卫国战争的爆发给苏联社会各个领域都带来了颠覆性变化,文化领域也不例外。这一时期苏联政府的首要任务是动员苏联各民族群众参与反法西斯斗争,因此宣传和解释工作变成了战时苏联政府的一项重要工作,而且这项工作不仅要在苏联国内展开,还要覆盖反法西斯阵营的其他国家。随着伟大卫国战争的进行,苏联国内及世界上其他国家的反法西斯呼声日益高涨,这样的国际环境为苏联开展反法西斯宣传和动员活动创造了极佳的外在条件,因此这一时期的苏联政府努力寻求各种方式团结反法西斯阵营国家的力量,共同抵抗法西斯侵略。

(一)成立专门机构保障战时文化宣传

苏联当局意识到,要给伟大卫国战争中的苏联提供可靠的政治保障和宣传保障，就必须广泛吸引社会各阶层参与此项工作。1941 年 6 月 24 日苏联人民委员会和苏共中央决定成立苏联信息局，该部门负责以下工作：通过纸媒和广播报道重大国际事件和苏联国内生活；报道前线重大事件和军事行动；根据最高指挥机构的命令起草并发布战报；等等。苏联信息局局长由苏共中央政治局候补委员、政治局秘书谢尔巴科夫（А.С. Щербаков）担任，副局长由苏联人民外交委员会副主任洛佐夫斯基（С.А. Лозовский）兼任。一天后苏共中央政治局又决定成立苏联军政宣传局，负责军民的军政宣传和针对入侵势力的反制宣传工作。军政宣传局局长由工农红军政治宣传部部长梅赫里斯（Л.З. Мехлис）担任。为了解决相关人才短缺，尤其是外语类人才短缺，无法高效地向其他反法西斯国家传递苏联信息的问题，苏联信息局在苏共中央的帮助下开展动员工作，充实人才储备。

有了机构和制度保障，伟大卫国战争时期苏联的反法西斯宣传工作得以在国内以及其他反法西斯同盟国家展开。苏联当局充分利用现有资源开展反法西斯宣传活动，包括报刊、广播、音乐、绘画、喜剧、电影等等。整个苏联文化界都被调动起来，加入反法西斯宣传活动。在此次大规模反法西斯宣传活动中产生了大量优秀文化作品，涵盖文学、音乐、绘画、电影等多个领域，它们中的部分代表作流传至今。此外，伟大卫国战争之前创作的一些优秀文艺作品也再次受到欢迎，影响力大增，这也要归功于战争期间大规模的反法西斯宣传。歌曲《喀秋莎》便是一个很好的例子，这首歌创作于 1938 年，原本是一首描写一位名叫喀秋莎的女孩盼望在边疆服役的爱人早早归来的爱情歌曲，在伟大卫国战争之前就已经在苏联传唱。1941 年 6 月苏军 BM-13 型火箭炮投入使用，战争爆发后，该型号的火箭炮从 1941 年 8 月起开始在前线服役，并且屡立战功，深受苏联军民的喜爱。后来人们开始用“喀秋莎”作为 BM-13 型火箭炮的代称，而《喀秋莎》这首歌也随之走红，成为伟大卫国战争期间传唱度最高的歌曲之一，也成为伟大卫国战争的象征。《喀秋莎》不仅在苏联走红，还传唱到了包括我国在内的其他反法西斯阵营国家。

(二)积极保护俄罗斯文化遗产

战争期间苏联文化界的另一个重要任务是拯救文化遗产。“二战”期间很多苏联城市都遭到了德军的袭击,包括基辅、斯摩棱斯克、普斯科夫、诺夫哥罗德等历史文化名城。频繁的空袭导致城市基础设施严重受损,建筑倒塌,这其中也包括很多有重要历史文化价值的古建筑,以及众多博物馆、图书馆等珍藏文化遗产的场所。为了拯救俄国和苏联时期的文化遗产,苏联当局决定将前线地区的博物馆、图书馆等撤到后方(中亚、西伯利亚、远东等地),以保护文化遗产的安全。包括莫斯科、列宁格勒、塞瓦斯托波尔、克里米亚等城市的许多重要博物馆和图书馆都紧急撤离,艾尔米塔什博物馆、俄罗斯国家博物馆、俄罗斯国家历史博物馆、莫斯科国立大学动物博物馆、俄罗斯国家公共历史图书馆等众多文化设施安全撤离,避免了被法西斯炮火摧残的厄运。即便如此,还是有很多文化设施在此次战争中惨遭损毁,除了博物馆和图书馆,还有学校、俱乐部等。据不完全统计,伟大卫国战争期间苏联共有82万多所学校、近2000所中等和高等职业教育机构、60多个科研院所以及近4.4万个文化宫及图书馆被摧毁,430家博物馆被抢,约1.8亿册图书以及56.4万件艺术作品被毁。

(三)文化名人纷纷参战

在战争的艰难条件下苏联政府积极拯救文化遗产,文化界人士也用自己的方式为伟大卫国战争贡献力量。文化界人士对伟大卫国战争的贡献主要体现在以下几个方面:首先是坚守岗位,做好本职工作。尽管战争期间工作条件较为艰苦,且面临着较大风险,但文化界人士依然坚守在工作岗位上,他们以文学、音乐、绘画、雕塑等形式向国内外宣传爱国主义思想,开展反法西斯斗争。其次,很多文化界人士参与到保家卫国的战斗中,用实际行动为伟大卫国战争做贡献。苏联雕塑家恩斯特·涅伊兹韦斯内伊(Э.И. Неизвестный)在伟大卫国战争期间曾在乌克兰前线服役,任乌克兰第四前线空降兵少尉,参与包括攻打布达佩斯在内的多场战役，在伟大卫国战争结束前还曾在奥地利境内的一场战争中身负重伤。战后他曾获得红星勋章。苏联著名建筑师尼古拉·乌拉斯（Н. Уллас）除了在建筑业和城市规划方面功勋卓著之外，还几乎全程参与了伟大卫国战争，他在西南方前线参与了多场战斗，包括解放北高加索、乌克兰、南斯拉夫、匈牙利和奥地利等。这些文化界人士以战场上的英勇表现表达了自己的爱国主义情怀和反抗法西斯主义的决心，他们为苏联社会其他阶层做出了表率，同时也是苏联全民抗击法西斯侵略的一个缩影。

三、战时的大众传媒

和文化界其他领域一样，苏联的大众传媒在伟大卫国战争时期也经历了相应的变化。相比和平时期，战争时期大众传媒的功能指向性更强：对内通报战况，开展爱国主义和反法西斯宣传；对外进行苏联国家形象宣传，与法西斯国家对苏联的污名宣传进行论战。此外，苏联当局还设立了负责对外传播的专门机构——苏联信息局，主抓外交和军政宣传工作，以确保传播工作效率和传播效果。

（一）军事报刊数量增加

伟大卫国战争时期的苏联国内大众传媒领域开始发生变化，非军事领域报刊数量、发行量和内容都大幅减少，中央机关报从 39 种缩减为 13 种，很多地方报刊、行业报刊直接停办。1940 年时苏联国内各类报刊超过 8000 种，到 1942 年仅剩 4800 余种，报刊总发行量也从 3800 万份锐减至 1800 万份，内容也从多版缩减至两版。与之形成鲜明对比的是军事报刊的数量显著增加。为了促进军事报刊的发展，苏联政府接连出台了一系列法令文件，包括《关于前线通讯记者工作的规定》《关于前线专门通讯记者工作的规定》等，对前线军事记者的工作提出了要求，也保障了军事报刊有了新鲜、充足而翔实的第一手资料。在政策支持下,伟大卫国战争期间出现了《红星》《红色舰队》《斯大林之鹰》《军事教育》等一大批军事报刊,它们的出现和发展为苏联在伟大卫国战争期间传递军事信息、宣扬战斗精神和爱国主义起到了积极的助力作用。此外苏联政府还发行了面向被德军占领地区读者的报刊,如《为了苏维埃乌克兰》《为了苏维埃白俄罗斯》等,这些报刊成为被占领区人民树立信心、坚定信念的精神指南,激励被占领区人民群众奋起反抗,与法西斯主义做斗争。

(二)广播成为凝聚人心、抗击敌人的精神武器

除了报刊之外,广播是伟大卫国战争时期苏联大众传媒体系中的另一大重要组成部分,广播事业的任务转移到了争取和平和巩固国防的斗争上来。广播对战争的报道内容开始增加,军事爱国主义性质的节目题材和范围明显扩大。1939 年,为了及时播报战况和重要通知,苏联广播采用了插播的报道方式,并用简短、明快、口语化的语言替代了冗长复杂的句式,减少了繁杂的数字资料,转而向听众解释说明数字所代表的意义。1941 年 6 月,法西斯德国进犯苏联,伟大卫国战争爆发,苏联广播成为发布战争动员令、鼓舞士气、打击敌人、凝聚人心的最具感染力的媒介。在德军入侵的当天,外交部部长莫洛托夫代表苏联政府发表了谴责法西斯德国进犯苏联的广播演说。7 月 3 日,斯大林通过广播发表《告苏联人民书》,向全体人民发出呼吁,对希特勒德国背信弃义的进攻行为给予全面反击。这一时期的苏联广播中出现了反映战争内容的新节目《听吧,前线》《来自伟大卫国战争前线的信》《送往前线的信》等。节目每天多次反复播出,在一定程度上起到了帮助前线与后方沟通的作用。

1942 年起苏联广播开始推出面向被占领地区听众的节目,旨在团结被占领地区的一切爱国力量。上述一系列措施确保了苏联广播在伟大卫国战争期间发挥了应有的作用,保障了苏联广播的信息功能、宣传功能和警戒功能。值得一提的是,这一时期苏联广播界出现了如列维坦(Ю.Б.Левитан)这样的模范播音员,许多重要的战报和最高统帅的命令是由列维坦播出的,他以优秀的业务

能力、浑厚坚定的声音受到广大苏联人民喜爱。正是像列维坦这样的苏联广播人的不懈努力让伟大卫国战争时期的苏联广播得以高效运行。

德军围困列宁格勒期间，在极端困难的条件下，肖斯塔科维奇（Д.Д.Шостакович）的《列宁格勒交响曲》通过广播飞向战场，飞进千家万户，成为世界广播史上的壮丽篇章。在“一切为了前线，一切为了胜利”的口号下，苏联广播成为抗击德国法西斯的战斗号角，同时也是凝聚人心、鼓舞苏联军民战胜法西斯侵略者的有力武器，是苏联军民获得精神力量和必胜信心的重要源泉。1945 年，苏联政府将 5 月 7 日命名为广播节，这是世界上第一个以广播命名的节日，也显示了苏联政府发展广播事业的决心。

（三）重视对外宣传

伟大卫国战争期间苏联大众传媒的另一个重要任务是开展对外宣传。这一时期苏联对外宣传的主要任务包括以下几项：一是向世界各国宣传战争东线的真实情况；二是揭露纳粹德国的丑恶嘴脸，展示各国人民英勇抗击法西斯暴行的决心；三是和世界其他国家的反战力量一道通过各种渠道进行反法西斯宣传。在苏联信息局的努力下，苏联在伟大卫国战争期间成功组织了在苏斯拉夫国家代表反法西斯集会、在苏犹太人代表反法西斯集会、苏联女性代表反法西斯集会等多场大规模反战集会活动，为扩大反法西斯战线做出了积极贡献。苏联信息局在积极做好对外宣传工作的同时，还在研究反法西斯同盟国家以及敌对国家的对外传播体系，尤其是对英国信息部和德国宣传部给予了高度关注。这一时期的苏联信息局还围绕对外宣传做了很多其他方面的工作，包括起草战报、培养后备人才等。虽然没有像报刊和广播那样直接参与对外宣传，但苏联信息局在战时对外宣传工作中扮演了举足轻重的角色，为苏联成功开展反法西斯宣传做出了重要贡献。

第五节 战后苏联的大众传媒与文化

1945 年 5 月 9 日，纳粹德国宣布无条件投降，伟大卫国战争结束，苏联以巨大的代价换回了国家安全与社会稳定。在伟大卫国战争中苏联消耗了巨大的人力、物力和财力，经济实力和综合国力蒙受了巨大损失，因此在战后亟须进行重建与经济恢复。战争结束后，世界格局发生了深刻变化，进入以美苏为首的两极对峙的“冷战”时代。这一时期苏联的文化领域呈现出两种趋势：一是文化发展开始更趋多元化，二是苏联文化与美国文化的对立日趋明显。文化领域的对立成为美苏冷战的一个缩影和写照。

一、战后初期苏联大众传媒的发展

伟大卫国战争给苏联带来了难以估量的损失，除了工业等经济部门的损失外，很多文化设施也遭到了严重破坏。大量的大中小学校、博物馆、图书馆、俱乐部等在战争中被毁，很多文化教育行业从业者在战争中阵亡，或者因受伤、疾病等去世，这使苏联文化界在战争中遭到了大量的人才损失。因此战后苏联文化界，特别是教育界面临和其他领域一样的任务——快速恢复和重建。战后的苏联一方面积极修缮战争中被摧毁的校舍、教学设备，另一方面积极充实人才队伍。由于战争期间教师队伍严重减员，当时不得不选择一部分人员经过短期培训后担任中学教师，有的地方甚至直接征调受过中等教育的人担任中小学教师。战争期间很多学龄青少年被迫从事工农业生产，填补其父辈上前线留下的空缺，这部分青少年的教育工作也是棘手问题。当时的苏联政府创办了专门的工学、农学，让青少年可以在自己熟悉的环境中工作和学习。此外，为了提升全民素质，促进教育公平，20 世纪 50 年代苏联政府决定推行七年制义务教育，此举使苏联落后地区的教育水平显著提高。战后苏联政府的一系列教育改革措施基本恢复了被战争摧毁的教育基础设施,逐渐补齐了教育界的人员缺口,提升了苏联全国的平均受教育水平,尤其是欠发达地区的教育水平。

"二战"结束后苏联报刊业做出了相应的调整,将报道重点放在战后经济恢复与重建上。这首先体现在报刊种类和数量的调整上。一方面,战争期间被大量削减的地区性报刊、专业性报刊等逐步恢复,除了战时占比最大的军事政治类报刊,还出现了艺术、文学类等新型报刊,版面数也从战时的两版为主逐步过渡到多版。另一方面,战争时期大量涌现的军事报刊数量开始减少,其地位逐步被非军事报刊所取代,原军事报刊的设备和人员被重新编组到其他报刊。另外,这一时期苏联报刊的内容也更加丰富,除了经济恢复与建设方面的内容,苏联报刊还积极关注国内外热点问题,包括哈萨克斯坦地区的处女地开垦问题、纳粹战犯的审判问题等。战后初期,苏联通讯社在各加盟国的分社逐步恢复,总部也相应地开设了各地区事务编辑部,此外还在东欧、中东、亚非拉等地区增设大量记者站,逐步开放广告业务。这一系列举措促进了苏联通讯社朝着更加多元化的方向发展。

"二战"结束后,苏联的广播设施和居民收音机的数量已超过战前水平。20世纪50年代中期,广播电台已发展到130座,收音机有740万台。60年代中期,电台达407座(已出现调频电台),收音机达1350万台,广播喇叭达3050万个。70年代收音机和广播喇叭的数量分别增长至5000万台和7000万个。至80年代末,全苏有地方电台176座、转播台6270座,同全苏广播电台一起组成庞大的、用71种民族语言播音的国内广播网。苏联广播事业的中枢是位于莫斯科的全苏广播电台,其分别使用长波、中波、短波和超短波(调频)进行广播。苏联解体前全苏广播电台每天播出13套节目(实际制作5套,其余均为重播)。第一套是全苏新闻、政治、经济、文艺等综合节目,每天播音20小时,覆盖苏联全境;第二套即"灯塔广播电台"的节目,1964年8月1日开播,每天24小时播出新闻和音乐节目,覆盖全国人口的85%;第三套是文艺节目,每天播音17小时,覆盖全国人口的45%;第四套是面向首都、莫斯科州及其附近居民的音乐节目,每天播音10小时;第五套是面向苏联渔民的节目,每天24小时播音。至苏联解体前,广播已遍及苏联全境,从各加盟共和国、边区、州、城市广播电台到各村、农场、企业、学校的广播站,形成了庞大的广播网络。1988年末,全苏共有一亿五千多万台接收器,其中收音机达7000万台,此外还有7500多万台转播装置。① 1990年,苏联电台每天播出时间达2387小时。②当时苏联广播分别以72种语言和70种语言向国内和国外播出,主要涉及新闻时事、政治、经济、文教、体育、音乐、戏剧等。例如,国内播出的节目《时代、事件、人》,专门宣传国家沸腾的劳动生活,如水电站建设、煤矿开工、卫星发射、原子弹试验成功、土豆丰收、玉米增长、体育纪录刷新等;《国际日志》《走遍各国、各大洲》则有选择地向人民介绍国际上发生的重大事件;《戏剧与生活》《国外文学艺术》《环球音乐》帮助听众了解国内外文坛、乐坛和戏剧界名人的创作与生活;等等。③

和广播业相比,这一时期苏联的电视业发展更快。20世纪40年代后期苏联电视的画面标准从343行提升至625行,同时这一时期开始出现可移动电视台,技术的革新催生了新的电视节目形式——电视杂志。从20世纪50年代开始莫斯科和列宁格勒电视台开始进行日播。以莫斯科电视台为例,其工作模式与当时的报刊类似,同样以报道工业、建筑业和农业建设为主要内容,在美苏冷战开始后莫斯科电视台又开始承担与西方思想做斗争、争取国内思想统一的任务。

大众传媒的飞速发展对人才储备提出了新的要求,因此战后初期苏联的各大高校纷纷开始重视传媒人才的培养。包括莫斯科、列宁格勒在内的多个城市的主要大学都将原本归属于语文系的新闻专业分离出来,单独设立新闻系。此

---

① Овсепян Р П. История новейшей отечественной журналистики [M]. Москва: Издательство Московского унивеситета.1999:55.

② Засурский ЯН, Вартанова Е Л.Средств массовой информации постсоветской России[M]. Москва: Аспектпресс, 2002 :47.

③ 杨可,孙湘瑞.现代俄罗斯大众文化[M]北京:中国经济出版社.2000:65,67.

后培养新闻人才的主体从高校变成了红色新闻学院，苏联各大城市有的借助战前红色新闻学院的基础，有的在战后兴建红色新闻学院，以确保新闻专门人才的培养。由于战后人才短缺，苏联政府决定允许红色新闻学院和各大院校新闻系毕业生留校任教，培养新人才，在这一政策的鼓励下苏联相继涌现出艺术科学院通讯院士巴甫洛夫斯基（Б. В. Павловский）、作家克里雅科夫（О. Ф. Коряков）、出版商阿达莫娃（Л.Г. Адамова）等一系列传媒人才，他们为战后苏联大众传媒的发展做出了积极贡献。

二、冷战时期苏联的大众传媒与文化

从20世纪40年代末起，美国和苏联开始了长达数十年的冷战。这场由意识形态对立引发的对抗迅速蔓延到了政治、经济、军事等各个领域，文化领域也没能幸免。冷战时期美国一直标榜自己的文化自由，而苏联则因为文化领域严格的管控和审查制度而被以美国为首的西方诟病，美苏两个超级大国的文化对抗就是在这样的背景下展开的。苏共二十大之后苏联国内的政治环境开始变得宽松，当局对文化的管控出现松动：之前归属于中央的一部分文化领域管辖权被下放至地方，苏联作家代表大会等一系列文化界知识分子的全国性集会恢复召开，包括曼德尔施塔姆（О.Э. Мандельштам）在内的一大批先前遭批判的苏联文艺和科教界人士得以被平反，很多被禁止出版的书籍也在这一时期问世。苏联政府的上述举动给长期处在高压和管控之下的苏联文化提供了喘息的机会。历史上将这一时期称为“解冻”时期（Оттепель），当时出版的文学艺术作品也体现出鲜明的特征，被称为“解冻”文学。

文化政策的松绑为苏联科教界的发展注入了新的动力。政府对科研的投入明显增加，苏联国内科研人员的数量也大幅增长。随着苏联科学院西伯利亚分院的成立，苏联拥有了除莫斯科和列宁格勒之外的第三个科学中心。这一时期的苏联科研工作取得了丰硕的成果。核能领域的成就尤为瞩目，世界上第一座核电站、第一艘核动力破冰船、第一架核动力客机都是在这一时期由苏联科学家研制出来的。此外,苏联在航天领域也取得了巨大成就。1961 年,宇航员加加林(Ю.А. Гагарин)完成了人类历史上第一次太空飞行,这标志着人类开始探索太空,也标志着苏联在航天技术领域暂时领先于美国。在教育领域,20 世纪 60 年代苏联推行了中小学教育改革,实行八年制义务教育,整个中小学学制也从 10 年延长到 11 年,同时为了保障学生所学的内容与生产实践紧密结合,当时规定中学生每周需要有两天时间参与工业或农业生产实践。在高等教育方面,这一时期苏联的高等教育以具体生产需求为导向,学术性相对有所减弱,技术类院校数量明显增加,同时国家出台了针对有工业生产实践经验的中学毕业生报考高校的优惠政策。

但需要注意的是,尽管这一时期苏联国内的文化政策相对宽松,但当局对意识形态的要求却从未放松,违反相关规定者依然会受到严惩。1958 年苏联作家帕斯捷尔纳克(Б.Л. Пастернак)因长篇小说《日瓦戈医生》获得诺贝尔文学奖,但因为该书未经苏联政府批准就在海外出版,所以在当局的压力下最终帕斯捷尔纳克被迫选择弃奖。到 20 世纪 60 年代末 70 年代初,这种高压态势更加明显,随着赫鲁晓夫(Н. С. Хрущёв)的下台,苏联当局的政策再度变天,对文化领域的监管力度也再次加大。不符合苏联当局意识形态要求的文艺界人士,或者自愿离开苏联,如阿克肖诺夫(В.П. Аксенов),或者被当局强制逐出苏联并剥夺国籍,如索尔仁尼琴(А.И. Солженицын)。因此,这一时期苏联文化界又回到了高压式发展的轨道,文化界人士开始将目光转向俄罗斯及国外的经典作品,试图从中汲取营养。19 世纪俄罗斯经典文学作家及其作品在这一时期再度走红,相关书籍需求量上升,各大剧院也将经典剧目作为演出计划中必不可少的组成部分。与经典文化作品大受追捧形成鲜明对比的是,苏联当局对新生事物采取了较为保守甚至抵触的态度,先锋派艺术家的作品展被迫关停,特瓦尔多夫斯基(А.А. Твардоский)和穆拉托夫(К.Г. Муратов)的影视作品也不允许被搬上银幕。在如此高压的管理模式下,苏联陷入了近 20 年的"停滞"时期,这一时期的苏联文化界形成了官方文化和不同政见者文化分庭抗礼的局面，官方文化借助党和国家的支持发展，不同政见者文化则在摆脱被镇压的恐惧以及技术进步的助力下逐渐发展起来。

20世纪70—80年代的苏联科教发展的步伐相比“解冻”时期有所放缓。科学领域因缺乏高效管理而呈现出粗放式发展趋势，这一时期众多的科研机构开始和生产单位进行融合，到1985年苏联已经有250家类似的融合性科研单位。这一时期的研究成果多集中于量子、太空物理学和天文学领域，其他领域的研究成果由于国家投入的资金有限而难以转化和应用。这一时期教育发展的主要成果体现在两方面：一是苏联在全国范围内普及了中等教育；二是苏联的职业教育开始大规模发展，国内的职业技术学校网络基本形成。

经过了战后短暂的恢复期，“冷战”时期的苏联大众传媒开始快速发展。大众传媒体系逐步完善，报刊、广播和电视等领域都发生了质的改变。苏共二十大之后，借助政治“解冻”这一时机，苏联的报刊等出版物种类和数量都有大幅度增长。截至1985年苏联境内的定期刊物数量多达13500种，涵盖从中央到基层的多个层次，包括55种苏联民族语言的报刊以及9种外语报刊。在苏联的报刊体系中中央报刊起领导作用，无论是1956年发刊的《苏维埃俄罗斯》，还是战后复刊的周刊《海外》，抑或是1969年发刊的《社会主义工业》，都凭借着政府的支持和较高的内容质量吸引了大量读者。地方和基层报刊虽然缺少了中央的支持，但是凭借更加本土化和亲民化的内容也逐步巩固并扩大了自己的读者群体。这一时期一些传统报刊对原有发行状态进行了改变，如《消息报》从1960年起改为晚报，并且每周发行一版插图增刊《本周》。此外，这一时期还涌现出大量新的报刊，另一种新型刊物——集体农庄内部报也诞生于这一时期。在形式更新的同时，苏联刊物的内容也变得更加丰富，中央报刊和一些综合性报刊依然以政治、经济等内容为主，其他报刊中则出现了更加多样化的内容，如纪实性、文学类、艺术类等内容，报刊内容的不断丰富给了读者更多的阅读选择权，也提升了一部分读者的兴趣。

20世纪50—80年代苏联广播电视业同样实现了跨越式发展。截至1985年苏联几乎实现了全境通广播，同一时期苏联国内电视的普及率也高达93%。经历了近30年的发展，苏联中央广播已经形成了由10个频道组成的广播体系，其中既包含内容覆盖社会政治、文教艺术等多领域的综合性广播频道，还包括信息类、艺术类等专门频道，其中中央广播一频道推出了面向西伯利亚、远东、中亚和北极地区的个性化广播，二频道则在70年代后期开始相继推出了英语和法语广播。这一时期的广播还在播发节目的同时增加了与听众的实时互动版块，特别是"青年"广播台，它通过电话和无线电通信将苏联青年人与其他国家的青年人联系起来，因而大受欢迎。这一时期苏联的电视业也开始飞速发展，截至1985年苏联电视节目每日播放量超过了500小时，电视节目数量达到115个。随着电视技术的不断发展，这一时期出现了彩色电视节目，70年代起苏联的电视信号开始覆盖到雅库特等边远地区，80年代苏联电视新闻中开始出现手语翻译，以方便听障人士观看。

三、解体前苏联的大众传媒与文化

从20世纪60年代后期到80年代中期，苏联经历了相当长的一段"停滞"时期（период застоя），这一时期是勃列日涅夫（Л. И.Брежнев）执政，特点是政治体制僵化，经济停滞不前，社会生活毫无生气。为了改变现状，戈尔巴乔夫（М.С. Горбачёв）上台之后决定进行改革，苏联也由此进入了最后一个发展阶段。这一阶段苏联当局政策的关键词是转型和公开化，苏联开始逐步放弃维持了数十年的体制并学习和接纳西方的体制。此举给苏联各个领域带来了巨大的冲击，文化领域也不例外。在当时的社会背景下，维持了数十年的社会主义制度及价值观开始遭到质疑，甚至被驳斥为专制和违背人性的制度。这一时期外国文化产品，特别是西方文化产品大量涌入苏联，它们不仅给苏联民众带来了巨大的文化冲击，还挤占了苏联本国文化产品的地位。在如此大规模的信息轰炸的影响下，苏联人原有的生活方式开始发生变化，民众的文化意识也受到影响，电影院、博物馆、剧院、音乐厅等传统文化场所愈发冷清，苏联电影甚至在西方电影的强势冲击下几乎绝迹。在服从公开性原则的情况下，苏联的审查制度不断被削弱甚至完全取消，这使得很多内容被解禁，其中不乏对苏维埃政权以及社会主义制度进行质疑、否定甚至批判的内容，这也是对国民文化意识的一大冲击。这一时期苏联文化遭遇了颠覆性和毁灭性的打击，原有的文化传统和价值体系被摧毁，以西方文化和价值观为代表的外国文化大规模向苏联渗透，苏联人民的文化意识遭受到了前所未有的冲击。在这样的社会背景下，苏联原有的体制一步步瓦解，苏联最终于 1991 年走向解体。

随着民主化转型进程不断深入，苏联政府对大众传媒的审查力度不断减弱，这也使得大众传媒有了更大的空间来对事件进行分析评论、提出重点问题并商讨解决方案，意识形态正确性不再是评判媒体质量的主要标准，专业素养、信息性、公正性等标准开始更加受到重视。也正因如此，转型时期的苏联大众媒体，特别是纸媒的权威性进一步提高，《真理报》《劳动报》《消息报》《共青团真理报》等中央报刊的发行量均达到了百万甚至千万级别。这一时期苏联广播和电视的发展同样迅速，随着政策的逐步宽松和技术的不断革新，苏联广播电视发展规模进一步扩大，截至 1988 年苏联全国广播发射点多达 7500 万个，国内电视节目总数超过百套，全国 90%以上的民众可以接收到稳定的电视信号。

文化界在 1987—1989 年出版了以前未出版和被禁止出版的作品，如俄罗斯女诗人安娜·阿赫玛托娃（А. А. Ахматова）娃的《安魂曲》、女作家莉迪亚·楚科夫斯卡娅（Л. К. Чуковская）的《索菲亚·彼得罗夫娜》、作家鲍里斯·帕斯捷尔纳克（Б.Л. Пастернак）的《日瓦戈医生》和其他书籍。转型时期的苏联大众传媒一方面促进了人们思想观念的转化，加快了苏联的民主化进程；另一方面动摇了苏联几十年积淀下来的社会基础和文化传统，在一定程度上加速了苏联解体带来的社会动荡和文化冲突。

总体而言，伟大卫国战争之后的苏联文化以及大众传媒发展经历了重重考验,不管是战后初期的恢复重建、赫鲁晓夫上台之后的"解冻"时期、长达20多年的"停滞",还是戈尔巴乔夫领导的社会转型,在每一个时期苏联的文化和大众传媒都在根据政府的政策走向和社会发展趋势做出相应的调整。但令人遗憾的是,在转型与公开化政策的作用下以及西方思想的冲击下,苏联最终在1991年宣告解体,苏联文化在此过程中遭遇了沉重打击,苏联的大众媒体也被迫进入了新的发展阶段。

思考与练习

1.请简述列宁的两个具有代表性的文化理论,并简要分析其影响。

2.列宁的办报思想包含哪些内容?在该思想的指导下新生苏维埃政权进行了哪些报刊活动?

3.列宁为建立社会主义报刊体系做了哪些方面工作?斯大林执政时期苏联的社会主义报刊体系发生了哪些变化?

4.苏联的广播和电视是在怎样的环境下产生并发展起来的?它们的出现和发展为当时的苏联做出了哪些贡献?

5.伟大卫国战争时期苏联的大众传媒和战前相比有哪些变化?产生这些变化的原因是什么?

6.伟大卫国战争之后的苏联大众传媒发展经历了哪几个阶段?每个阶段的主要特点是什么?

第三章　社会转型期的大众传媒

苏联解体后的时期通常被称为“后苏联时期”(постсоветский период)或“转型期”(переходный период),这一时期从苏联解体后持续到21世纪初,普京执政后,这种转变渐趋稳定。

第一节　俄罗斯大众传媒的转型历程

俄罗斯大众传媒的发展经历了漫长的过程,从彼得大帝时期的第一份报刊诞生至今已有300年的历史。俄罗斯学界一般认为,俄罗斯现代传媒史的开端是从20世纪80年中期开始的。俄罗斯科学院院士利西奇金(B.A. Лисичкин)在著作《第三次世界大战——信息心理战》一书中分析:1986年2月25日,苏共二十七大会议的召开作为现代俄罗斯新闻史与苏联新闻史的分水岭,也是现代俄罗斯新闻史的起点。[①] 1985年3月11日,米哈伊尔·谢尔盖耶维奇·戈尔巴乔夫担任苏共中央总书记。1986年在苏共中央第二十七次代表大会上,戈尔巴乔夫对其思想纲领做了全面的阐述。此后“加速、改革、公开性、新思维、全人类

① 利西奇金,谢列平.第三次世界大战:信息心理战[M].徐昌翰,赵海燕,殷剑平,等译.北京:社会科学文献出版社,2003:218

的价值、民主化”①等术语开始流行。因此，俄罗斯学界通常认为，1986 年是现代俄罗斯传媒业改革的开端，也是现代传媒史的开端。

一、转型初期的“媒体自由化”

苏联时期的新闻事业属于党和国家所有，由苏共中央统一领导，接受各级党委和党所领导的社会团体监督管理，经费由国家调拨，媒体主要领导人由党和政府任免。1985 年，戈尔巴乔夫当选苏联共产党中央委员会总书记。次年，戈尔巴乔夫的《改革与我国和全世界的新思维》(《Перестройка и новое мышление для нашей страны и для всего мира》)一书出版，首次使用“改革”(перестройка)一词来指代他所开启的变革，称将在“改革”和“革命”(“перестройка” и “революция”)这两个词之间画上等号。该书倡导“革命性的思维方式”，试图对苏联社会主义模式加以“修补完善”，期望摆脱社会“停滞”状态，加速民主发展。1986 年苏共中央第二十七次代表大会正式提出了“民主化”和“公开性”的口号，发起了对旧体制的批判和冲击。在 1987 年 1 月的苏共中央全会上，“公开性”政策正式被确立为当时政治改革的基础。此后，在戈尔巴乔夫的倡议下，苏联进行了大规模的政治制度、经济制度等方面的改革，改革的主要目标是全面改进现有的社会主义制度。然而，到 80 年代末 90 年代初，改革并没有给苏联社会带来发展的生机，反而加剧了社会各个领域的危机。

苏联大众传媒转型初期可以分为三个阶段。

第一阶段：1986 年至 1990 年 10 月是苏联政治、经济大刀阔斧改革的时期，也是新闻媒介舆论自由化时期。当时苏联记者已萌发并营造出“第四权力”和独立媒介的思想和氛围，来自外国的信息和解密材料纷纷出现在媒体上，电视

---

① 利西奇金，谢列平.第三次世界大战：信息心理战[M].徐昌翰，赵海燕，殷剑平，等译.北京：社会科学文献出版社，2003：222.

也开启了第一批直播节目(如《视线》)。这一时期,“公开性”原则使大众传媒逐渐脱离政府,新闻界在报刊、广播和电视中发表批评性言论,抨击时弊,记者们热衷于揭露过去的黑历史。政府鼓励新闻界追求自由,并放松对新闻机构的管控。此外,社会上出现了很多政治协会与党派,不同党派纷纷借用媒体发表演说,宣传其政治主张,致使社会上各类思潮泛滥,意识形态领域出现混乱。

第二阶段:1990 年 10 月至 1992 年初,政权交替阶段。政治和经济改革失败,文化思想领域混乱,社会动荡加剧,各种错综复杂的综合因素导致 1991 年 12 月戈尔巴乔夫辞职,苏联解体。鲍里斯·尼古拉耶维奇·叶利钦(Б.Н. Ельцин)成为俄罗斯首位总统。在戈尔巴乔夫与叶利钦的交锋时期,新闻媒介成为政客手中的王牌武器,大众传媒与政坛新星携手巩固了俄罗斯新总统的权力与地位。这是俄罗斯大众传媒的“黄金时代”,也是传媒“第一个私有化”时期。在市场经济条件下,商业媒体迅速发展,并对标西方新闻业模式,报刊业按市场细分原则进行重新分类,广播和电视则纷纷采取直播的报道形式。

1991 年 12 月,叶利钦签署了《俄罗斯联邦大众传媒法》,共七章 69 条。该法规定,任何合法存在的政权机构、政党、社团、教学科研院所、企业等组织,以及年满 18 周岁的俄罗斯公民个人(无精神病史和刑事犯罪记录)皆拥有创办大众传媒的权利;同时规定取消新闻出版的审核制度。《俄罗斯联邦大众传媒法》的出台进一步提高了传媒的自由度。

第三阶段:1992 年初至 1996 年,现代俄罗斯大众传媒形成阶段。1992 年至 1993 年末是政治对抗和大众传媒第一个经济困难时期,虽然此时政治上暂时趋于稳定,但经济危机却不断加剧,传媒陷入了经济困境,很多媒体被迫关闭或停刊。1994 年初至 1995 年中期,商业报刊发展仍呈上升势头,大众传媒出现集团化趋势。自《俄罗斯联邦大众传媒法》生效后,很快就有众多媒体实行了公司化改制并登记注册,还出现了独立的新闻社。根据 1992 年 6 月的统计,在俄罗斯新闻出版部登记的出版物有 4000 种,此外还有“奥斯坦基诺”电视中心、俄罗斯国家电视广播公司、莫斯科电视广播公司、圣彼得堡电视广播公司以及 300

个地方电视广播组织。1993 年修订的《俄罗斯联邦宪法》也正式确定了“人人享有思想和言论自由”,规定“保障新闻媒介的自由,禁止书刊检查”(第 28 条第 5 款)。至此,俄罗斯在法律上正式确立了新闻媒体的出版自由制度。

在苏联解体和俄罗斯改革的过程中,新闻媒体在所有制方面逐渐脱离国家、政府的管控。财政支持从过去由国家、政府提供资金逐渐变为各财团通过控股提供资助。由此产生的最明显的变化就是新闻媒体的“独立”倾向。

二、金融利益集团控制媒体时期

俄罗斯政治和经济领域的改革使整个社会面貌发生了根本性改变,社会内部结构的不断分化、新的群体和阶层的出现以及社会利益格局重新组合等成为俄罗斯社会变革过程中复杂的一幕。其中最具影响力和引人注目的是金融工业集团应运而生,这也是影响俄罗斯大众传媒走向的一个重要因素。

1991 年,俄罗斯社会内部出现了一批在私有化过程中暴富的“新俄罗斯人”。他们凭借敏锐的嗅觉和冒险精神,凭借原有的社会地位、手中的权力以及关系网,迅速将过去在苏联时期所掌握的国家和社会资产的支配权转化为所有权,无论是暴发户还是“旧”的精英,充分利用私有化所提供的机会,靠各种合法、非法的手段无偿瓜分了国有资产,形成了为数不多的几个主宰俄罗斯经济命脉的超大型财团。政府主要以“全权委托银行制”“抵押拍卖”“国有股份委托经营制”等几种方式为财团提供优惠,使其发展壮大起来,并与官方保持了密切的联系,成为地地道道的“官僚资本”。经过“权力向资本转化”“权力与资本联姻”,俄罗斯造就出一个独特的“官僚资本主义集团”。“新兴”集团的大部分成员来自旧有特权阶层,同时在很大程度上又依附于权力,这就决定了金融工业集团从总体上说具有官僚性、垄断性、掠夺性、投机性的特点。

这一时期,俄罗斯出现了一种奇特的现象:在国家经济陷入长期衰退、广大人民群众生活水平日益下降的背景下,俄罗斯的大工业资本和金融资本却急剧膨胀,并且相互交融,形成了以“七大财团”为代表的金融资本。拥有经济实力的金融寡头已不甘心仅局限于经济领域的活动,他们的触角逐渐伸向政府部门、国家政权机关,对国家政治生活发挥越来越大的影响,从而获得了“金融工业寡头”的称谓。时任总统叶利钦认为:“金融寡头试图操纵国事的方式各不相同。一些银行家将莫斯科的官员、市政府玩于股掌之间;其他银行家做地方官员的工作;还有一些银行家,例如别列佐夫斯基和古辛斯基,投入所有资金创建强大的电视集团公司、印刷控股公司,就其实质而言,也就是试图垄断大众传播媒介。”①

随着市场化进程的推进,国家对大众传媒的经济支持逐渐削减,媒体只能在市场经济中自负盈亏,而俄罗斯当时的经济状况和经营环境又使传媒业很难在短时期内依靠自身实现良性循环。在这种背景下,俄罗斯金融-工业集团顺势进入传媒市场,把控媒体命脉,不遗余力地对新闻媒体进行渗透。其主要动机:一是利用新闻传媒扩大财团自身的政治和经济影响力,以利于财团业务的拓展;二是影响国家的政治生活,例如为俄罗斯国家杜马选举、为联邦总统大选推举自己的“代言人”,试图主导舆论。此时的大众传媒直接或间接地成为争取或保持政权的斗争工具。

在 1996 年俄罗斯总统大选中,资本与传媒迅速结合,为叶利钦的连任提供了经济支持和良好的舆论环境。此后,金融寡头们认识到,控制传媒给自己带来的不仅是经济利益,更重要的是政治资本。为了掌控舆论,金融集团通过投资、融资等形式在短期内迅速扩张媒体版图。1996 年至 1999 年期间俄罗斯出现了以金融媒体大亨弗拉基米尔·古辛斯基(В.А.Гусинский)和鲍里斯·别列佐夫斯基(Б.А .Березовский)为首的著名的“七大金融集团”,也被称为传媒帝国(медиахолдинг,медиагруппа),它们不仅控制了俄罗斯 50% 的经济命脉,而且垄断了俄罗斯大部分传媒。这一时期的传媒集团以获取商业利益和赚取政治资本为目的,同时也为媒体培养了大量适应现代传媒的、具有专业素养的编

① 叶利钦.午夜日记:叶利钦自传[M].曹缦西,张俊翔,译.南京:译林出版社,2001:108.

辑和记者。

(一)天然气工业-媒体集团

天然气工业-媒体集团是目前俄罗斯规模最大的媒体控股公司,其最大股东是由前总理切尔诺梅尔金(B. C. Черномырдин)领导的俄罗斯天然气工业集团,股份占86%左右。天然气工业-媒体集团的独特之处,或者说与俄罗斯其他媒体公司的原则性区别在于,集团在所有媒体业务方面都占据首位。就电视市场而言,它以控股方式拥有俄罗斯独立电视台(HTB)、"HTB+"卫星电视公司及THT电视网等三家电视机构。在广播电台市场上,集团拥有"莫斯科回声""三套车""第一流行音乐""До-Радио"和"体育-FM"等五家电台。此外,它还拥有多家出版社、报社和广告公司。在印刷媒体方面,天然气工业-媒体旗下的"七日"出版集团占据俄罗斯报刊出版业的主导地位,拥有《总结》周刊、《论坛》报、《居家指南》时尚杂志、《历史驼队》月刊及《七日电视》周刊等。普京上任后,为了打击金融集团的庞大势力,便利用天然气工业-媒体集团的媒体优势一举兼并了古辛斯基和别列佐夫斯基的媒体集团,将媒体的领导权置于政府控制之下。

(二)桥-媒体集团

桥-媒体集团是1993年由寡头古辛斯基的"桥"财团建立的,该集团控制了俄罗斯第一家非国有电视台——独立电视台,而后又建立了独立卫视台、"莫斯科回声"商业广播电台、《七日》周刊、《今日报》和《总结》周刊。1997年1月,古辛斯基将其旗下媒体联合,成立了桥-媒体集团,由古辛斯基本人任集团总裁。到2000年的时候,古辛斯基的媒体集团已涵盖报刊、广播、电视与网络。桥-媒体集团的影响力在当时可以与政府媒体分庭抗礼。借助媒体,古辛斯基可以随意指责政府的内政外交政策,甚至还对总统的言行提出批评。在古辛斯基受到司法调查并避居国外后,桥-媒体集团在与天然气工业-媒体集团的股权之争中落败，桥-媒体集团对独立电视台、独立卫视台、“莫斯科回声”广播电台、《七日》周刊、《总结》周刊等媒体的控股权转为天然气工业-媒体集团所有。

(三)罗格瓦斯汽车-媒体集团

罗格瓦斯汽车-媒体集团属于金融寡头别列佐夫斯基所有。1996年该集团已将资本注入国家电视台，同时还拥有商业电视台第六频道(TB-6)38%的股份。此外，其在《独立报》与《星火》杂志中也拥有部分股权。别列佐夫斯基的金融资本能够进入国家媒体，从侧面也说明叶利钦时期政府对金融资本的依赖程度。

(四)莫斯科市政府媒体集团

莫斯科市政府媒体集团是以当时的莫斯科市长卢日科夫为首所创建的媒体集团，集团拥有中心电视台、《钟声报》、《莫斯科真理报》等媒体，隶属于地方利益集团。

(五)卢克石油-媒体集团

卢克石油-媒体集团中的国家股为30%，纽约银行占股20%。该集团以其雄厚的经济实力，广泛涉足各个传媒领域，旗下拥有PEH-TB卫星电视台、TCH电视公司、ACT卫星传输网络公司。

叶利钦执政末期，俄罗斯80%的媒体已归入金融利益集团麾下，大众传媒成为金融资本和政治利益的发言人，在民众中的威信度逐年降低。社会调查显示：1995年，70%的人对新闻媒体存有信任和好感，到2000年这个数字降低到了30%—40%。[1] 普京上台后，对金融寡头利用传媒涉政、制造舆论、与政府对立等行为进行严厉打击，并逐渐收回媒体的控制权。

① 冯绍雷，相蓝欣.转型中的俄罗斯社会与文化.上海：上海人民出版社，2005：268.

表 3.1 20 世纪 90 年代俄罗斯的传媒集团①

集团名称	电视台	报刊	广播
天然气工业-媒体集团	独立电视台(HTB)、THT 电视台、"HTB+"卫星电视公司	《工人论坛报》、《劳动报》、《共青团真理报》、《电影舞台》杂志、《行业》杂志《公司》杂志、《V.I.P》杂志	开放电台
桥-媒体集团	独立电视台、"HTB+"卫星电视公司	《生意人日报》、《生意人-权利》杂志、《生意人-金钱》杂志、《自动驾驶仪》杂志、《家居》杂志	民族新闻电台
罗格瓦斯汽车-媒体集团	公共电视台、第六电视台		《独立报》与《星火》部分股权
莫斯科市政府媒体集团	中心电视台、有线电视台	《莫斯科真理报》、《钟声报》	
卢克石油-媒体集团	PEH-TB 卫星电视台、TCH 电视制作公司、ACT 卫星传输网络公司	卢克石油公司拥有"消息"出版集团 49.9%的股份、集团旗下有《消息报》、《财经消息报》、《周报》、《法律》杂志	M-广播、莫斯科电台

第二节 转型期俄罗斯传媒业的变化

俄罗斯的社会转型是社会政治、经济结构彻底改变的过程,作为上层建筑的大众传媒也发生了前所未有的变革,在传媒体制、管理形式、媒介功能等方面都与苏联时期不同。

一、由单一到多元的媒介体制与管理形式

苏联时期大众传媒的经营完全依靠国家的经济支持。解体后,由于经济改革失败,国家经济衰退,国家对媒体的拨款逐年减少,媒体只能依靠市场经济运作规律来自负盈亏、自力更生。随着《俄罗斯联邦大众传媒法》的出台,任何人都可以创办媒体,这就决定了媒体创办主体的多元化,并出现创办媒体的热潮,

① 孙凌云.俄罗斯转型过程中媒体的变化[J].俄罗斯研究,2002(3):58-64+69.

各类社会组织、团体、政党、个人等都热衷于创办个性化媒体,俄罗斯媒体形成了多种所有制并存的局面,主要有国有、私营和混合型所有制。

国有媒体在所有制形式上属于国家所有,但由于经济原因实际上很难得到政府财政支持,经济来源主要依靠商业广告收入。地方性的国有媒体则在形式上不再接受地方政府的领导,而是成为政府创建的媒体管理机构的子公司,在管理上从属于该公司。私营媒体大多由社会组织、机构或团体创建,实际上属于经营型企业性质。私营媒体的收入主要来自商业广告,经济发达的大、中城市的广告效益较好,而小城市的私营媒体的状况就差强人意。大型私营媒体规模为150—200人,小型的只有10人左右。私营媒体的采编播能力有限,大部分对国际主流媒体的新闻进行改编后报道。混合所有制的媒体中国有和私有成分所占比例不等,采取股份制管理,其中也包括合资公司等形式。俄罗斯传媒业打破了苏联时期自上而下的金字塔式的垂直管理体制,改变了地方严格服从中央管理的状况,取而代之的是全国和地方媒体、国有和商业媒体的多元化结构,传媒业从国家统一所有转变为多种形式所有,增强了传媒业的竞争力。

二、从行政控制到逐渐步入法制轨道

俄罗斯对媒体的管理形式视媒体所有制而定,对于国有媒体采取国家直接管理的方式,对于非国有制媒体则采取法律法规、行业准则等多重手段加以规范。

叶利钦执政期间(1991—1999)成立了"俄罗斯联邦新闻中心""全俄国家广电委员会""全俄国家电视广播公司""俄联邦出版、广播电视和大众传播部"(МПТР)等部门来协调管理大众传媒,其职责包括:起草相关立法文件,协调立法权力机关、执行权力机关和非国家机构的工作;协调国家与地方传媒政策、广播电视节目的制作与传输,实现资源共享等;负责媒体注册、审核、监督等。众多新闻管理部门的成立说明俄罗斯传媒业在转型期处于复杂的政治经济环境之中,政府在不断探索应对之策。

在行政手段之外,俄罗斯也加强立法,在1991年至1999年通过了《大众传播媒介法》《广告法》《俄联邦广播电视法(草案)》及其补充修正案等专门性法律,此外,《俄罗斯联邦宪法》《俄罗斯联邦刑法》《民法》《国家机密法》《国家政府机构活动在大众传媒领域内的新闻秩序法》《通信法》《联邦信息、信息化和信息保护法》《关于地方(城市)报纸的经济支持法》《俄罗斯联邦大众传媒和图书出版的国家支持法》《参与国际间信息交流法》《关于俄罗斯联邦公民选举权和参加全民投票的权利基本保障法》《特殊行业的许可证审批》等二十几部全国性法律也涉及大众传媒领域。虽然俄罗斯法律体系存在很多漏洞,各项法律之间有时相互矛盾,但从俄罗斯的立法情况来看,政府正逐步利用法制手段构建大众传媒健康发展的环境,解决和规范传媒领域中出现的问题。

三、传媒功能加强

(一)强化信息功能

苏联时期的传媒业被视为国家的宣传机器,功能过分单一,过分强调大众传媒的工具性和宣传作用,而传媒最基本的信息传递功能却被忽视。20世纪末期已进入“信息全球化”时代,作为信息的载体,大众传媒的信息功能必须予以淋漓尽致地体现才能适应世界的潮流。此外,西方的多党制、民主制以及自由价值观念在俄罗斯的推行使传媒业的生存环境变得宽松,为其功能的充分发挥提供了一定的空间。

在实行市场经济之后,媒介归属形式变得多样,私营媒体为了更好地生存,需要不断调整策略以适应市场和不断分化的受众。这一时期报刊、广播、电视台的数量不断增多,媒体的自我表现意识提高,信息类节目在内容、数量和播出频次上都大大增加,时效性、重大性成为各大媒体追求的目标。

(二)软化文化教育功能

苏联时期国家向来注重用大众传媒来进行文化教育,但在内容和形式上较为死板,缺乏灵活性。在建立西方的民主体制和全球化的浪潮下,人们更加关心身边的事情,更加注重自身和个性化需要,媒体的说教功能逐渐被软化下来,在新闻报道和节目制作上更加注重受众调查研究,采用贴近性的叙事方式和手段,让人们更容易接受。同时,注意吸收和借鉴世界优秀文化,更新人们的观念,让观众了解世界发展的最新动态,这种内容新颖、融知识性与趣味性为一体的传播方式在潜移默化中逐渐被接受,并深受俄罗斯各个阶层的喜爱。

(三)突出娱乐功能

经历了国家解体和经济改革失败,俄罗斯民众对政治的兴趣越来越弱,更加关注私人需求和利益,关注职业发展、家庭生活及自我价值实现等方面。此时,市场经济下的竞争机制也使媒体更加注重收视率,大众传媒的内容更加趋于丰富和多样化,娱乐功能更是凸显出来。这一时期,俄罗斯电视节目内容大多以模仿西方电视节目为主,例如,最受欢迎的《奇迹之地》节目,是模仿美国电视游戏《命运之轮》创办的,《一见钟情》节目是模仿英国的电视节目。20世纪90年代也是外国电影、连续剧、卡通片盛行时期,比如表现拉丁美洲家庭的电视连续剧《女奴》、墨西哥系列剧《富人也哭泣》(1992)、迪士尼公司的卡通片《米老鼠和唐老鸭》《奇普和戴尔》等都在俄罗斯取得了巨大的成功。

(四)传受角色内涵转换

苏联时期新闻工作者以马克思主义和党的政治目标为指导思想,为建设社会主义而服务。[①] 新闻工作者在当时扮演着党的政治思想工作者的角色,是"党的喉舌、人民公仆"。斯大林时期新闻媒体高度集中,新闻工作者的许多权利被

---

① 童兵.中西新闻比较论纲[M].北京:新华出版社,1999:229.

剥夺了，他们不能自由决定稿件内容，而是要听从上级指示，成为党的“传声筒”，舆论监督的作用大大减弱。在计划经济体制下，新闻媒体由国家财政统一拨款，没有生存危机，也缺乏必要的竞争意识。

1991 年颁布的《俄罗斯联邦大众传媒法》对新闻工作者的阐述是“为大众新闻媒介从事搜集、制作、编辑或加工材料的人员，与其有着劳动或其他协议关系或者在其授权下从事此种活动的人员”①。另外，《俄罗斯联邦大众传媒法》明确了新闻工作者的权利和义务，将新闻工作者作为从业主体，摆脱了被动接受的状态，同时面对市场还需要树立商品意识、服务意识和受众本位的观念，按照市场经济的规律完善自身的角色。

从受众的角度来说，在苏联计划经济模式中，传者中心的观念是绝对的。这就决定了信息流动的方向只能是由上而下，受众的地位是被动的，缺乏主动性、选择性。但随着对大众传媒本体传播过程的研究，传媒业逐渐意识到受众在市场经济条件下和传播过程中的重要性，进而开展大量的社会调查和受众研究。同时，苏联解体后民众自主意识提高，对信息的需求量也增加，多样化的媒介机构为观众提供了更多选择。

第三节　普京新政与大众传媒回归

1999 年 12 月 30 日普京发表长篇讲话《千年之交的俄罗斯》，阐述了俄罗斯的历史和现实、机遇与挑战、教训与反思，体现出普京对俄罗斯现状的深刻认识。对于大众传媒，普京表示“新闻媒体应该弄清楚自己的位置”，这句简单的表态反映了国家政权与大众传媒关系要重新洗牌。

普京的执政理念为大力弘扬“俄罗斯思想”，以爱国主义为旗帜，加强民族

① Федеральный Закон Российской Федерации от 27 декабря 1991 г. №2124-I г. Москва《О средствах массовой информации》[EB/OL]. (1991-12-27)[2024-03-17]. https://digital.gov.ru/ru/documents/3219/.

凝聚力。面对叶利钦时期遗留的错综复杂的社会局面，面对大众传媒被寡头所控制、国家政权为各种势力所牵制的政治现实，普京依靠较为广泛的社会支持，以强力部门为依托，开始着手整顿宪法秩序，整顿社会政治秩序，恢复国家政权机关的权威，加强中央对地方的控制。同时，他对大众传媒进行大力整顿，清除寡头对舆论的掌控，即通过法律程序逐步强化国家垂直权力体系；明确政治游戏规则，实行"法律专政"；排除寡头政治的干扰，试图从打击犯罪、追究违法乱纪的刑事责任等方式削弱寡头的影响，改变寡头控制大众传媒的状况。以上几个方面的内容相互关联，其核心是加强国家政权建设，恢复并强化政治秩序。

一、取消金融集团对传媒业的控制

针对金融寡头对国家政治的干预，2000 年俄罗斯总统大选之前，普京就曾多次表示："国家应摆脱(寡头的)影响，维护全社会的利益，而不仅仅是照顾大公司和垄断集团的利益。"①他表示，要与寡头保持距离，将大财团和小面包作坊主"一视同仁"，不能容许"寡头参政、操纵舆论、瓜分财富"的情况出现。2000 年 7 月 8 日，普京在俄罗斯联邦议会的讲话中对利益集团控制传媒表示担忧："媒体在社会形成中发挥着重要的作用，目前俄罗斯媒体已经实现了自由，但是这种自由却成为金融集团攫取利益的幌子，成为党派纷争噱头，它们(金融集团)控制着自己的影子集团并通过非法手段获取信息。"②

金融集团在普京上台后曾利用手中的媒体对其进行舆论打压，谴责普京政府无能、对"车臣事件"处理不当、践踏人权、肆意杀戮，并对普京实施的改革进行抨击，指其"恢复专制""控制言论"，并利用国外势力对俄罗斯进行施压。考虑到对国家的影响，在对待寡头的问题上，普京采取区别对待的慎重态度：对一

① 普京.答俄罗斯公共电视台专栏节目记者问[EB/OL].(2000-02-08)[2023-12-19].http://www.nns.ru.

② 普京.向俄罗斯联邦会议提交的 2000 年国情咨文[M]//普京文集 文章和讲话选集.北京：中国社会科学出版社，2002：77-94.

部分较为合作的寡头，政府召集其面谈，警告其不要干涉政权，并重新制定游戏规则，让其按规则进行经济活动；对执迷不悟、与政府为敌的寡头，则以法律手段进行打击，清除金融集团对政权的渗透，如责令司法部门着手调查某些寡头经营中的违法活动，追究其刑事责任，借此削弱寡头的势力。

针对寡头控制新闻媒体、肆意操纵社会舆论、兴风作浪的不正常局面，普京通过法律手段规范新闻领域的运作，加强了对舆论的控制。2000 年 9 月 9 日，普京签署了《俄罗斯联邦信息安全学说》，该文件是关于确保俄罗斯联邦信息安全的目标、原则和主要方针的文件，强调信息安全是国家安全的根本保障，当前俄罗斯信息安全程度还无法满足国家需求。文件对当前俄罗斯信息安全领域的情况也进行了阐述，认为外国组织正在挤压俄罗斯国内媒体市场，应该对本国媒体实施严格监控。①

针对普京与寡头的关系，俄罗斯学者克斯奇科夫在一篇文章里曾谈道："俄罗斯富豪们与总统的会见以难堪收场（指双方商讨尤克斯事件——译注）……谈判又一次落空了。虽然国家元首和商业家说同一种语言，但他们所想象和希望的东西却大不一样。国家一心打算'向前进'，而商业却仍希望'留在叶利钦老爹时代'……""就在不久前，寡头团队还成功地压制了'俄罗斯需要什么样的资本家'的辩论，而代之以人权、新闻自由、车臣僵局或者总统合法性的讨论议题。而今天，当他们的威望受到严重动摇的时候，他们变得随和起来，并随时准备对话。"②2000 年 7 月 19 日，俄罗斯总检察院以欺诈罪和侵吞国家资产罪将媒体大亨古辛斯基逮捕，后来随着"独立电视台"和旗下其他媒体的易主，古辛斯基苦心经营的"媒体帝国"坍塌。2002 年，另一媒体大亨别列佐夫斯基也因金融诈骗和贪污等多项指控被俄罗斯警方通缉，后逃亡国外，其"媒体帝国"也不复存在。

随着国家打压金融工业寡头的力度加大和整治大众传媒的深入，普京的政

① Доктрина информационной безопасности РФ. Справка[EB/OL].(2010-09-09)[2024-03-17].https://ria.ru/20100909/273700916.html? ysclid=lh7o5ue3nu205062154.

② Вячеслав К.Какой капитализм нужен России? [J].Аргументы и факты,2004,27(1236).

策暂时取得了一定成效。金融工业寡头或者暂避风头，或者变得俯首帖耳，至少不像从前那样公开干预政治了，而大众传媒对政府、对总统的批评也变得温和起来。

二、以立法形式规范传媒业

1999 年 12 月 31 日，叶利钦辞职，普京成为代总统。普京在发表第一次新年讲话时指出："俄罗斯不会有一分钟的'权力真空'，任何超越俄罗斯联邦法律和宪法的企图'都将被坚决镇压'。言论自由、道德自由、媒体自由——文明社会的这些基本要素将受到国家的有效保护。"①2000 年 7 月 8 日，普京在俄罗斯联邦会议的讲话中再次指出："我们最重要的任务是学习如何利用国家工具来确保自由，包括个人自由、创业自由、民间机构发展自由。关于权力与自由之间关系的争论自古就有，但我们的立场非常明确：只有强大、有效（如果有人不喜欢'强大'这个词，可以说'有效'）和民主的国家才能保护公民的政治和经济自由，才能够为人民谋幸福，为国家创造繁荣。"②

从 2000 年至今，《俄罗斯联邦大众传媒法》几乎每年都进行调整和修改，以便适应新形势。2002 年 10 月，车臣反政府武装劫持人质事件发生后，俄罗斯有关方面拟定了旨在限制媒体报道反恐行动和反政府活动的法律修正案，并被俄联邦委员会和国家杜马一致通过。此举遭到了俄罗斯主要媒体的强烈反对。当年 11 月，俄罗斯总统普京也否决了该修正案，只是要求两院领导人组成协调委员会"继续研究"该案。该修正案虽然遭到总统否决，但是可以看出俄罗斯国内政治力量正力图加强对大众传媒的控制，而且法律手段被提升到第一位。

2003 年 7 月 4 日增补的条款规定《俄罗斯联邦大众传媒法》增补的条款规

① Владимир Путин выступил с новогодним обращением к гражданам России[EB/OL].(1999-12-31)[2023-12-19].https://www.1tv.ru/news/1999-12-31/292592-vladimir_putin_vystupil.

② Послание Федеральному Собранию Российской Федерации[EB/OL].(2000-07-08)[2023-12-19].http://kremlin.ru/events/president/transcripts/21480.

定允许新闻自由,但是强调不能滥用新闻自由损害国家利益,尤其规定传媒不能破坏和干预俄罗斯联邦选举和全民公决。第 16-1 条规定:如果在竞选和全民公决期间,法庭对某个编辑部、广播电视、期刊或其他媒体因破坏俄罗斯选举与全民公决的传唤生效后,主编和上述机构仍然一再有破坏俄罗斯选举与全民公决的行为产生,俄联邦中央选举委员会,以及联邦主体的选举委员会(如果大众传媒的影响覆盖这个主体地区)就有权向联邦负责媒体登记的执法机构提出终止该媒体活动的申请(如不提出申请则要向相关选举委员会陈述理由),不向法院提出申请并不妨碍对该媒体追究责任,包括警告。此外,如果媒体组织破坏选民和参加全民公决者获得信息、破坏竞选宣传、公决宣传,均被视为破坏选举和全民公决的行为。① 这些规定明确了俄罗斯大众传媒应以国家利益至上为原则,不能享受不受限制的自由。普京政府通过立法来规范大众传媒的行为,任何媒体活动都要在法律的轨道上进行,一旦出现"越轨"行为,即受到相关法律的制裁。

三、限制外资介入传媒业

20 世纪 90 年代随着社会主义阵营的瓦解,西方资本开始逐渐渗透到中东欧媒体市场。英、美、德、法等国的大型媒体集团开始进军波兰、捷克、匈牙利等国媒体市场并迅速在其中占据领先地位。苏联解体后的俄罗斯媒体一方面呈现出集团化趋势,形成了若干个大型出版集团;另一方面也受到外资,特别是欧美传媒资本的影响。苏联解体后外资进入俄罗斯媒体市场的过程呈现出以下特点。

一是资金来源广泛。苏联解体后进入俄罗斯媒体市场的外资来源较为广泛。总体来看,外资主要来自三大区域:西欧、北欧和美国。西欧的传媒资本主

① Федеральный закон от 04.07.2003 г. № 94-ФЗ[EB/OL].(2023-07-04)[2024-03-17].http://www.kremlin.ru/acts/bank/19675/page/1.

要来自早期的法国博达媒体集团、德国的贝塔斯曼公司以及英国的路透社和金融时报集团等;来自北欧的媒体资本主要是瑞典的邦尼尔集团、挪威的施博史泰德集团、芬兰的萨诺玛独立媒体等;进入俄罗斯市场的美国传媒资本主要包括纽约时报集团等。

二是运作方式多样。为了避开俄罗斯法律的限制,外资媒体采用了多种运作方式渗入俄罗斯媒体市场,包括选择拥有俄罗斯国籍的代理人创办媒体、与俄罗斯国内资本共同创办媒体、用外资媒体发布俄文内容、用英语等其他语言在俄罗斯境内发布内容、借助海外主流通讯社在俄开展业务等。

三是商业模式成熟。外资媒体在俄罗斯传媒市场30多年的运营过程中形成了成熟的商业模式。俄罗斯媒体市场中的外资媒体以全资子公司或合资公司的形式运营,主要集中在时尚和娱乐领域。在俄罗斯传媒市场的运营当中,外资一方面通过广告等渠道创收,另一方面通过在不同地区以不同方式投放高同质化的内容来降低运营成本。同时外资媒体善于利用已经在本国或其他国家运营成熟的品牌稍加改良投放在俄罗斯媒体市场。以上种种措施都确保了外资在俄罗斯媒体市场运营的利润最大化。

四是发布量大,影响力强。外资媒体在俄罗斯媒体市场中占比较小,但其内容发布数量和影响力却不容小觑。俄罗斯印刷品行业联合会数据显示,目前俄罗斯媒体市场的8000家出版社中外资出版社仅占1%,但外资出版社的出版物的市场份额高达58%,由此可见其影响力之大。得益于雄厚的资金实力和成熟的商业模式,外资媒体得以用极小的规模在俄罗斯媒体市场占据大量的市场份额,并具备较强的影响力。

为应对影响力日益增强的外资媒体的冲击,保障本国媒体利益,维护国内媒体行业稳定与发展,俄罗斯于2015年颁布了一项限制外资进入俄罗斯大众传媒领域的法律。该法规定:外籍公民以及拥有双重国籍的俄罗斯公民不得在俄罗斯境内创办媒体。俄罗斯人创办的媒体中,外资股东的出资比例不得超过20%。俄罗斯境内所有合资媒体的拥有者须在2017年2月1日前根据该法对所持有的股份比例进行调整,以确保符合该法律要求。关于媒体拥有者和创办者的详细资料须在 2017 年 2 月 15 日前提交至俄罗斯联邦电信、信息技术和大众传媒监督局。如违反该法规定,俄罗斯联邦电信、信息技术和大众传媒监督局有权诉诸法院,终止该媒体的业务活动。

该法律的颁布对俄罗斯媒体市场中的外资及其活动进行了有效的管控和规范,避免了外资规模和影响力的过度扩张,保护了本国媒体的合法权益,对促进俄罗斯媒体市场的稳定发展起到了积极作用。但在该法的执行过程中也逐渐暴露出核心概念界定不清等问题。2019 年俄罗斯联邦宪法法院指出:该法对双重国籍的俄罗斯公民是否可以在 20%的外资限度内行使自己的合法权利的问题界定不清;另外,该法对媒体创办者和媒体参与者的界定也较为模糊。据此俄罗斯联邦宪法法院认为,现行限制外资进入俄罗斯大众传媒领域的法律与《俄罗斯联邦宪法》中的部分规定相悖,并责令修订该法律。

四、建立"统一的信息空间"

俄罗斯"统一信息空间"这一概念的提出可以追溯到 1994 年 7 月。当时发布了《关于改进国家权力机构的信息和电信保障及其在实施国家信息化政策中相互作用的方式》的总统令,该项命令也被列入 1995 年"俄罗斯国家权力效力"综合行动计划和"1995—1997 年俄罗斯经济改革和发展"方案。

"统一的信息空间"概念不仅被视为俄罗斯在信息领域的一种理论观点,同时也成为构建俄罗斯信息化社会的长期发展计划。"统一信息空间"形成和发展的目标是:确保公民获得俄罗斯联邦宪法宣布的信息的权利;创造和维持社会可持续发展所需的信息潜力水平;确保联邦国家权力机构、联邦主体权力机构和地方自治政府机构所做决定的一致性;提高公民的法律意识水平,让他们自由获得界定其权利、义务和机会的法律和规范性文件;确保公民和公共组织对联邦国家权力机构、联邦组成实体和地方自治机构的活动进行控制;国家机构提供平等使用开放的科学、技术、社会经济、社会政治以及教育文化等领域的信息资源，增加公民的社会活动；与全球信息空间整合。

1999 年，普京就提出了在大众媒体参与下建立“统一信息空间”的主张，以确保居住在国家领土上的讲俄语的公民自由获取信息的权利。2001 年 10 月 11 日—12 日在莫斯科举行的第一届世界同胞大会上，普京对“统一信息空间”的概念进行了延伸，首次提出“俄罗斯世界”的概念，并指出这是俄罗斯与常住国外的俄罗斯人未来共同建立新关系的方向。

普京对 20 世纪 90 年代在俄罗斯占据主导地位的政治思想进行了反思，认识到自由主义的改革造成社会思想混乱和无序状态，“俄罗斯在政治和社会经济动荡和激进改革中已经精疲力竭”，认为俄罗斯在改革年代长期陷入“政治内讧”，根本原因是“公民意见不一致，社会不团结”①，缺乏统一的信息空间，社会舆论长期处于分散状态。

2001 年 1 月 13 日是俄罗斯第 298 个新闻出版节。当天，在与媒体领导人的见面会上，普京指出：“巩固信息空间是国家领导人的优先任务。但是，我国‘新闻自由消亡’的说法是夸大其词了，即使你们（新闻媒体）经常对国内形势、外交政策有不同的评价，有时还非常尖锐，具有批判性，但是政府部门实际上也都在反思，媒体对各级政府的监督是有益的，因为可以促使各级政府进行反思。普京表示，建立‘统一的信息空间’对于实现国家统一的目标或者创建一个完整统一的国家至关重要。”②

此后，普京在大众传媒领域中强化了国家意识、爱国主义思想，力图让新闻传播活动符合国家和民族整体利益。不难看出，俄罗斯大众传媒体系中国家主导因素呈现逐渐强化的趋势，其中又渗透着民主主义的因素。这两种因素今后

① Путин В. Россия на рубеже эпох (О положении в стране и основных направлениях политики Российской Федерации) [EB/OL]. (1999-12-30) [2023-12-19]. http://www.kremlin.ru/acts/bank/22400.

② Путин В. Вступительное слово на встрече с руководителями российских СМИ [EB/OL]. (2001-01-13) [2023-12-19]. http://www.kremlin.ru/events/president/transcripts/comminity_meetings/21162.

将长期存在于俄罗斯大众传播体系当中。

经过冲突、对立、整合的过程之后,国家逐步收回对媒体的控制权,国内政治、经济渐趋稳定,政府与媒体的关系得到了很大的改善,媒体与国家对抗的能力也越来越弱,一个新的权威分配关系下的政治传播体系正在形成。俄罗斯从制度层面支持国家媒体的发展,提升国家媒体的舆论影响力,使之成为主导的话语力量。有学者将俄罗斯传媒制度变革概括为“不完全民主政体下的激进自由化改革”①,如在新闻传播法规的修订和执行过程中,更具法律威慑与约束作用的反而是总统及政府的行政命令。

第四节　转型期的文化特征

解体后的俄罗斯政治上转向西方民主化,经济上进行市场经济改革。政治与经济领域的巨大变化使文化界受到巨大冲击。1992 年,叶利钦政府将文化领域的工作重点落在激发文化内在活力,增加文化机构及其创造者的自主权上。随后出台的《俄罗斯联邦文化立法基本原则》(《Основы законодательства Российской Федерации о культуре》)规定国家在文化领域的职责包括:制定和实施联邦国家保护和发展文化方案,为俄罗斯民族文化发展创造条件,保障公民获得文化活动、文化价值和利益的权利,确保所有文化活动主体的自由和独立性,保障文化创作的自由性,保护文化历史古迹,克服文化领域垄断。但由于国内外复杂的形势,俄罗斯当时的文化政策目标的实施面临巨大困难。虽然苏联解体给文化界带来了前所未有的创作自由,文化交流得到加强,管理变得宽松,但这种积极的变化并没有消除文化危机。苏联时期的统一性文化在解体后加速分裂为不同的民族文化,不同民族文化之间政治立场的分歧造成社会文化

① 陈卫星,徐桂权.权力衍续与媒介寻租:中国与俄罗斯的比较制度分析[J].国际新闻界,2010,32(7):50-55.

局势紧张,引发一系列军事冲突,并导致统一社会文化空间的进一步瓦解。苏联时期的主流思想价值观体系也逐渐崩塌,大国自豪感被消磨殆尽,社会上各类思潮泛滥,各种价值体系发生激烈的冲突。

一、主流意识形态缺失

苏联解体后,之前在意识形态领域占据主导地位的社会主义政治文化迅速衰落, 各种各样的思想如保守主义、自由主义、欧亚主义等泛滥于俄罗斯的政治舞台,但没有一种观念能够占据意识形态的主导地位。当时俄罗斯的政治和精神文化领域呈现出一种无序失调的割裂状态。这种割裂导致俄罗斯社会在发展过程中陷入危机,失去了稳定的思想依托,俄罗斯整体在严重的文化迷失和思想危机之中陷入僵局。国家缺乏统一的意识形态,最高权力机构受制于各派力量,在各种思潮冲击下无休止地摇摆,思想上不能统摄人心,政权运作缺乏权威,失去组织能力,社会处于停滞状态。① 苏联时期尊崇的集体主义精神、社会价值的自我实现等道德观念也被摒弃,取而代之的是利己主义和个人主义的不断滋生与增长。从职业声望上看,苏联时期令人尊敬和崇拜的科学家、医生、教师等职业的价值在解体后远不如银行家、企业家和演员等。此外,社会还面临着严重的道德危机,人们对善恶、责任、荣誉、良心的认识发生了变化;人与人之间的情感纽带松懈。俄罗斯制度变迁急速摧毁了苏联时期形成的价值、文化、思想的精神家园,导致人们普遍陷入价值迷失、心理不安与认同危机。

二、文化建设几近停滞

20 世纪末俄罗斯文化领域的发展几近冻结,政府将全部精力投入政治和经济改革,文化建设则被忽略。在多达 450 页的“盖达尔社会经济改革计划”中,

① 董晓阳. 走进二十一世纪的俄罗斯[M]. 北京:当代世界出版社,2003.

“文化”及相关词汇几乎毫无踪影。[①] 1995 年的金融危机更是沉重打击了俄罗斯整个文化事业,文化部门的预算被大幅度削减,政府只能裁减对各类文化组织和文化活动的税收优惠。金融危机之后,除了工资、补助之外,文化领域基本不再有政府的拨款和支持,从业人员的工资大幅缩水,甚至比全俄平均工资水平低 38%。博物馆、图书馆等单位的工作人员只能拿到最低标准的工资,经济困窘不堪,备尝艰苦;经典和严肃文学报刊等数量锐减,文化事业单位和出版机构生意萧条。更糟糕的是,由于资金不足,数目众多的宝贵文化遗产没有受到保护和修缮,大量的建筑被不同程度地破坏,许多珍稀无比的古董文物、文化瑰宝被走私到国外。

这一时期,俄罗斯电影产量急剧下降。1991 年俄罗斯电影的拍摄数量为 178 部,1995 年则仅有 46 部。这导致 20 世纪 90 年代俄罗斯电影市场直接由美国电影主导,美国商业电影形式对俄罗斯电影的风格也产生了极大的影响。

三、低俗文化占领市场

在市场经济和西方文化的猛烈冲击下,俄罗斯传统文化遭遇了严峻的考验,经典文学和严肃文学刊物数目和读者数量急剧下滑,市场上充斥着大量的低俗文化作品。原来严肃高雅的音乐、文学、影视等作品被束之高阁,反之随处可见的是各种充满着血腥暴力、色情淫秽的文化产品,整个社会的精神消费和追求呈现出庸俗化的特点。民众对现在和未来感到失望与悲观,致使他们更易倾向于消费单一模式化、单纯满足感官需要的大众文化,其结果是人民欣赏水平下滑,思维产生惰性,并逐渐麻木,陷入文化失落的境地。同时,低俗文化的流行使人们对社会行为准则的认识也日益模糊,导致犯罪率逐年上升,这一点在青少年身上体现尤其明显。很多年轻人不愿走进学校读书,找不到人生的意

① 田刚健.国家主义与市场机制下的文化大国重建之路:论当代俄罗斯文化政策的核心理念与总体规划[J].苏州大学学报(哲学社会科学版),2017,38(3):9-16.

义。社会调查表明,青年的求知欲望、事业心与社会责任感在削弱,对于“愿为社会多做贡献”“为国家分担困难”“希望获得文学、艺术、科学等文化财富”这类问题的肯定性回答的比例分别只有 1.8%、1.1%和 4.6%。① 作为国家未来与希望的青年群体的思维方式和行为的巨大改变反映出俄罗斯在转型期间存在着严重的精神危机和道德困境,这也可以说是低俗文化在社会风行的后果之一。

四、民族身份认同感降至冰点

转型时期俄罗斯的政治、经济和社会体制等都发生了剧烈变化,对俄罗斯民众的影响也是巨大的。2005 年,普京在给联邦议会的一封信中将苏联的解体描述为“上个世纪最大的地缘政治灾难”。2015 年普京在接受哥伦比亚广播公司(CBS)和公共广播公司(PBS)的记者采访时也表达了这一观点:“我确实说过,苏联解体是 20 世纪的一场巨大悲剧。你知道为什么吗?首先是因为有 2500 万俄罗斯人在一夜之间离开了俄罗斯”,“俄罗斯出现了家庭问题、经济和社会问题”,“事实证明,俄罗斯是当今世界上最大的分裂民族”。② 1992 年,俄罗斯著名作曲家亚历山大·帕赫慕托娃和她的丈夫——诗人尼古拉·多布朗拉沃夫写下了歌曲《我将和被欺骗的人民一起留下来》(《Остаюсь с обманутым народом》),歌词写道:“我们是自己国家的弃儿,我们不明白我们是谁,我们来自哪里。”这是解体后苏联人民心理的真实写照。这一阶段,苏联时期的民族自豪感消失殆尽,俄罗斯也失去了对其传统伙伴和盟友的影响力,在国外(包括曾经的苏联加盟共和国)经济、政治和文化领域的参与度大幅降低。

---

① 海运,李静杰. 叶利钦时代的俄罗斯(政治卷)[M]. 北京:人民出版社,2001:233

② Путин пояснил, что считает распад СССР трагедией из-за разъединения семей и других проблем [EB/OL].(2015-09-28)[2023-12-19].https://tass.ru/politika/2295134? ysclid=lipscje148672093835.

思考与练习

1.简述苏联解体前后大众传媒的变化。

2.简述社会转型中俄罗斯媒体的特点。

3.简述普京的媒体政策的主要内容。

4.简述转型期的俄罗斯文化事业的变化。

第四章　当代俄罗斯大众传媒与文化政策

在经历了戈尔巴乔夫、叶利钦和普京的改革之后，传媒业原有的一元模式被打破，取而代之的是丰富多元的格局。现代俄罗斯传媒业改革的基础是新的意识形态、新型政治经济制度和社会价值观的确立。传媒业在所有制形式、管理方式、功能发挥和节目内容方面都更加丰富。

第一节　俄罗斯传媒管理机构

普京执政后，俄罗斯大众传媒已经形成多元化的归属形式。目前，国家作为合法的创办人和拥有者仍然掌握着传媒的领导权，管理形式上则由直接管理转变为通过政府创办独资传媒公司、联合控股公司、国有企业和亲政府的组织及个人等间接管理，并在法律范围内规定了传媒的权利和义务。可以说，俄罗斯传媒管理模式有别于美国的商业模式，也有别于欧洲的公共模式，是在“可控民主”的政治框架下和传媒自身的发展变化中形成独具俄罗斯特色的新型模式。这种模式与俄罗斯目前的政治、经济状况是相适应的，也是符合俄罗斯目前进程的传媒模式。

根据国家发展需要，俄罗斯不断整合和优化相关管理部门，目前俄罗斯大众传媒的主要管理部门为“俄罗斯联邦数字发展、通信与大众传媒部”“俄罗斯联邦通信、信息技术和大众传媒监督局”“全俄国家电视广播公司”。

一、俄罗斯联邦数字发展、通信与大众传媒部

俄罗斯联邦数字发展、通信与大众传媒部(Минцифры,简称俄罗斯数字化部)的前身是苏联通信部,1991 年 12 月苏联解体后更名为俄罗斯联邦通信部。从 1991 年 12 月至 2008 年间,该部门数次调整、重组和更名,2008 年 5 月 20 日更名为俄罗斯联邦通信与大众传媒部(俄罗斯大众传媒部)。2018 年 5 月 15 日,俄罗斯联邦通信与大众传媒部更名为俄罗斯联邦数字发展、通信与大众传媒部。

俄罗斯数字化部目前受俄罗斯联邦政府领导,是俄罗斯数字信息与通信、大众传媒领域的总执行机构,该部负责制定和执行信息技术、电信和邮政通信领域以及大众传媒领域(包括广播、电视、出版、印刷、网络以及个人数据方面)的国家政策。2021 年 10 月,该部还被指定负责文学活动领域国家政策的制定。目前俄罗斯数字化部设有计划和项目协调部、信息技术产业发展部、法务部、大众传播与国际合作发展部、网络安全部、经济与金融部、电信市场监管部、基础设施项目实施部、数字化转型和预算支出协调部、数字身份技术开发部、服务和客户体验开发部、云服务开发和数据管理部、电子政务基础发展部、无线电电子产品部、新电信业务发展部、国家支持媒体发展部、期刊和图书支持部等多个部门。

二、俄罗斯联邦通信、信息技术和大众传媒监督局

俄罗斯联邦通信、信息技术和大众传媒监督局(Роскомнадзор,简称俄罗斯大众传媒监督局)成立于 2008 年 12 月,隶属于俄罗斯数字化部,在大众传媒领

域行使管控和监督职能,包括管控电子和大众传播、信息技术和通信,监测和监督个人数据处理是否符合俄罗斯联邦在个人数据领域的立法要求等,负责通信、信息技术和大众传媒领域的监管,以及依法对个人信息进行监管和保护等。媒介监管的内容主要包括大众媒体的注册,广播电视服务的审批认证,广播电视、新闻出版等领域的监督监管,在俄罗斯联邦未成年人保护相关法律的指导下对大众传媒产品及各类出版物进行内容审核,对来自海外的大众传媒内容以及境外投资进行审核和监管。在依据俄罗斯联邦相关法律开展大众传媒领域的监管活动之外,俄罗斯大众传媒监督局还积极利用技术手段提升自身工作效率。2015 年该机构责成 MFI SOFT 公司开发了 Revisor 系统,该系统集硬件和软件于一身,可以对黑名单中的网络和 IP 地址进行封锁。自 2015 年上线以来,Revisor 系统已经对包括维基百科、领英、Telegram 在内的发布有损俄罗斯国家形象和公民尊严的网站和应用进行了封禁,在西方对俄罗斯进行高强度媒介打压的情况下有效维护了俄罗斯国家利益和公民尊严。

三、全俄国家电视广播公司

全俄国家电视广播公司(ВГТРК)是 1990 年 7 月 14 日根据苏维埃最高委员会主席团的法令成立的,是广播电视改革的开端。苏联解体后,苏联原有的国家广播和电视台经过解散、改组后全部并入全俄国家电视广播公司进行统一管理。1993 年初,全俄国家电视广播公司成为国家级的广电管理机构,同年,成为欧洲广播联盟(EBU)的正式成员,有权在欧洲广播联盟工作中做出关键决定。

1998 年,俄罗斯联邦总统令规定将所有媒体合并为控股公司,全俄国家电视广播公司成为最大的国有电子媒体公司。普京上台后,进一步强化了全俄电视广播公司的职能。2004 年 2 月 26 日,俄罗斯联邦政府修订了全俄国家电视广播公司的管理章程,将其所有地区的子公司都改为分公司,这也意味着除全俄电视广播公司外,其他地方性的广播电视机构均不具有法人地位,而是从属于该公司,公司的总经理由总统直接任命。

目前,全俄国家电视广播公司是俄罗斯最大的国有媒体控股公司,主要从事电视、广播和互联网视听内容的生产与制作,其内容可以覆盖俄罗斯 99%的人口。该集团有 79 家地区电视和广播公司,以 53 种语言播出,并设有俄语频道和民族语频道。全俄国家电视广播公司的建构机制体现出俄罗斯“统一信息空间”“媒体应服务于国家利益”的原则。

全俄国家电视广播公司除了有自己的官方网站(英文版:ВГТРК.com,俄文版:ВГТРК.ru)外,更于 2020 年上线了自营的多媒体在线平台“看”(俄文:Смотрим),用以上传和整合旗下主要频道(“俄罗斯-1”“俄罗斯-К”和“俄罗斯-24”等)的最新视频。同时,全俄国家电视广播公司旗下的主要频道,如“俄罗斯-1”“俄罗斯-К”和“俄罗斯-24”还拥有 Youtube、Instagram、Twitter、ВКонтакте、Ok.ru、TikTok 等社交媒体账号。

第二节 俄罗斯主要通讯社和报刊的发展

一、俄罗斯主要通讯社

(一)塔斯社

塔斯社(ТАСС)是俄罗斯历史最悠久的国家通讯社,也是世界五大通讯社之一,总部位于莫斯科。塔斯社的前身是 1904 年创建于沙皇俄国尼古拉二世时期的圣彼得堡电信局(СПТА),其使命是“在国内外传播政治、金融、经济、商业和其他公共信息”。1914,尼古拉二世下令将圣彼得堡市改名为彼得格勒,电信局也同时更名为彼得格勒电信局(ПТА)。十月革命期间,彼得格勒电信局将十月革命的消息发送到世界各地。1918 年 9 月 7 日全俄中央执行委员会主席团下令将彼得格勒电信局和下属的新闻局合并为“全俄中央执行委员会下属的俄罗斯电信局”(РОСТА),1925 年 7 月在俄罗斯电信局基础上成立塔斯社,其享有在苏联境内外收集和传播信息的专有权力,并负责管理境内通讯社的工作。

苏联解体后,塔斯社归俄罗斯联邦新闻中心管理。1992 年 1 月根据俄罗斯总统令组建俄罗斯通讯社,在俄通社中保留塔斯社的独立地位,此后,该社一直使用俄通社-塔斯社的电头发稿。2014 年 10 月俄通社-塔斯社恢复了历史名称“塔斯社”。对于恢复历史名称的原因,塔斯社总干事谢尔盖·米哈伊洛夫表示:“这一决定是经过社会调查研究的结果,塔斯社依靠信息准确、权威可靠已成为一个受国际认可的知名品牌,恢复其品牌意在保护传统的同时,又赋予其专业、权威、不断自我提升的象征性意义。”①

目前,塔斯社依然是俄罗斯境内最大的通讯社,在国内外设有 130 家分支机构。塔斯社在新西伯利亚、圣彼得堡和叶卡捷琳堡设有新闻中心,在俄罗斯境内拥有数十个记者站,每天发布约 3000 条新闻和 600—800 份图像资料,力求报道公正、完整。塔斯社的报道议题广泛,内容丰富。塔斯社在报道中关注中国,话题集中在经济发展、科技进步、文化教育、中俄交往等领域,且报道的情感色彩多趋于中性和正面。

塔斯社每年组织 1500 多场新闻发布会和商业活动,参与者主要为俄罗斯和外国的政治领导人,大型企业或公司代表,文化、科学和体育界人士。目前,塔斯社与全球 60 多家新闻机构保持合作关系。

塔斯社的主要数字产品是 tass.ru,是俄罗斯最大的在线媒体之一。2020 年,tass.ru 拥有超过 2.24 亿用户,每月独立访客数量超过 3400 万,超过 70%的用户通过移动终端阅读 tass.ru 上的内容。塔斯社在社交网络上的帖子和视频

---

① История ТАСС[N/OL]. Рамблер, 2020-07-10[2023-12-19]. https://news.rambler.ru/other/44482924-istoriya-tass/?ysclid=ldyn0wbcop859798406.

已获得约830亿次浏览量，在社交网站VK（Вконтакте）上拥有超过73万关注者，在YouTube上拥有超过13万关注者，官方号Instagram和Facebook的关注者分别为31万和57万。

（二）俄新社

俄新社（РИА Новости）是俄罗斯国际新闻通讯社的简称，是目前世界上最大的新闻通讯社之一，前身为1941年6月24日创办的苏联新闻局。1961年，在苏联新闻局的基础上创办了“新闻出版社”（АПН）。新闻出版社的主要宗旨是向海外传播关于苏联的信息，同时向苏联人民介绍国外人民的生活。1991年9月，俄罗斯国际新闻通讯社成立。2004年4月，俄罗斯国际新闻通讯社成为联邦国有企业。

2013年12月9日，俄罗斯总统普京签署总统令，将俄新社与“俄罗斯之声”两家机构合并成一家新的国有媒体机构“今日俄罗斯”（Россия Сегодня），但继续使用俄新社这一品牌。从2014年6月起，俄新社只保留通讯社职能。目前，该机构在俄罗斯近70个城市和世界49个国家拥有广泛的通信网络，在哈萨克斯坦、阿塞拜疆、乌克兰、亚美尼亚、格鲁吉亚、摩尔多瓦和白俄罗斯设有官方代表处，并在其他独联体和波罗的海国家设有办事处。俄新社主要为总统府、俄罗斯联邦政府、联邦委员会和国家杜马、主要部委和机构、联邦主体行政部门、媒体、企业界和公共组织提供信息。

俄新社特色栏目如下。

1.体育频道

体育频道（Спорт）负责报道世界各地的最新体育信息。其内容包括专家访谈和评论、详细的比赛统计和评分、体育赛事转播等，涵盖了足球、曲棍球、花样滑冰、冬季两项、网球和其他运动领域中最重要的体育赛事。俄新社是俄罗斯奥委会、俄罗斯花样滑冰联合会和全俄艺术体操联合会的合作伙伴。

2.房地产频道

房地产频道(Недвижимость)是俄罗斯房地产和建筑行业媒体中被引用最多的在线资源,是专业房地产市场参与者的重要商业信息来源,主要发布行业市场事件的新闻、评论、专家访谈、价格评论和分析等。该业务的用户可以获得法律咨询服务、新建筑项目的可视化信息图表和专门针对当前房地产趋势的特别服务。

3.RIA 评级

RIA 评级(РИА Рейтинг)是俄罗斯领先的评级机构之一,成立于 2011 年,为金融机构、企业和政府进行相关评估。评估结果被联邦和地区媒体广泛引用,并在政府层面和专家群体中获得认可,是俄罗斯联邦各主体制定区域经济政策的基础,也被联邦行政和立法当局用来评估当前的社会经济形势,其产出的分析报告常被政府部门和各大企业引用。

4.俄新社实验室

俄新社实验室(RIA Lab)是一个实验性的沉浸式新闻平台,由俄新社开发,是俄罗斯第一家建立沉浸式工作系统的媒体,目前每年利用虚拟和增强现实技术可以创建十几个项目,以 AR 和 VR 的形式帮助用户进行互动体验,创建情感联系,让用户尽可能地沉浸在故事中。

目前,俄新社依靠强大的资源已经开发出 20 多个应用程序,用户可在 iOS、Android、Symbian 等操作系统的移动终端上阅读独家新闻内容。俄新社同时还拥有俄罗斯规模最大的图片库,为读者提供大量有趣、独特的图片资源,并在 VKontakte、Facebook、Odnoklassniki、Google Plus、YouTube、Twitter、Instagram、Foursquare、LinkedIn 等平台上拥有官方账号,实时进行更新,关注者总数超过 450 万,旗下所有项目均在社交网络平台上有所体现。

(三)国际文传电讯社

国际文传电讯社(Интерфакс)是与塔斯社和俄新社并列的俄罗斯三大通

讯社之一,成立于1989年,是苏联第一家非国有的独立通讯社。成立之初,所有工作人员均来自“莫斯科广播电台”,当时全部使用传真机传输信息,也因此而得名。1990年后,国际文传电讯社业务迅速扩张,先后在乌克兰、白俄罗斯、哈萨克斯坦、阿塞拜疆等地开设了子公司,在此期间,俄罗斯联邦地区的办事处数量也增加到50个。为了在国外推广其信息产品,国际文传电讯社于1991年在美国科罗拉多州丹佛市开设了第一家苏联境外的公司。随后,国际文传电讯社欧洲有限公司(1992年,伦敦)、国际文传电讯社德国有限公司(1993年,法兰克福)和香港国际文传电讯社有限公司(1998年)纷纷开始运营。

从成立之初,国际文传电讯社就以大量的一手信息成为国家新闻信息的供给者,1990年,外国媒体也开始引用该社的报道。国际文传电讯社的宗旨是“始终第一时间将政经要闻带到你身边”“尊重社会了解真实信息的权利,并尽一切努力将这些信息提供给社会”。国际文传电讯社要求机构中的每位记者严格遵守道德和编辑标准,即独立、责任、准确性和客观性原则。[①] 如今,国际文传电讯社是一家由35家公司组成的国际媒介集团,业务领域涉及天然气、石油、冶金、农业和银行业。

二、俄罗斯主要报刊

(一)俄罗斯报

《俄罗斯报》(《Российская Газета》)是由苏维埃最高委员会于1990年11月11日创办的一份政治类报刊。1993年9月28日,《俄罗斯报》由俄罗斯政府重新注册,成为俄罗斯政府的官方报刊。报刊既注重官方发布的权威性,也注重面向大众读者,主要有经济 、法律 、国际生活、医学、科学、教育、体育和文化等版面。就政治报刊而言,《俄罗斯报》在市场份额上占据领先位置,并成为被

---

① Как мы делаем новости? [EB/OL].[2024-03-17].https://ifx.ru/ru/about.

引用最多的日报以及被引用次数最多的十家媒体之一。《俄罗斯报》非常重视与中国媒体的合作，主要合作伙伴是中央广播电视总台。自 2011 年以来，由《俄罗斯报》和中国国际广播电台（现中央广播电视总台国际在线）联合主办的《中国风》杂志持续出版，2019 年启动了“俄中：事件与评论”专题项目。此外，《俄罗斯报》还与新华社、《人民日报》和《环球时报》等媒体进行合作。

《俄罗斯报》推出了众多特色栏目。《俄罗斯年度文学》（《Год Литературы РФ》）是关于文学和书籍写作的在线出版物，由“俄罗斯文学年”组委会于 2015 年创建，目前是《俄罗斯报》的永久性特别项目。“焦点新闻外的俄罗斯”是《俄罗斯报》报业集团旗下的重要国际传媒项目之一，负责在世界范围内用不同语言发布与俄罗斯有关的新闻和报道，该项目在中国的名称为“透视俄罗斯”，由《俄罗斯报》与中国《环球时报》合作创办，面向广大中国读者，对俄罗斯国内政治、经济、外交、商务、文化、教育、科学等领域进行深度解读。

在新媒体时代，《俄罗斯报》推出了手机端的 App（Российская Газета），使读者能够更快捷方便地阅读报纸新闻。最引人注目的是，2017 年 7 月 3 日，中国国际广播电台与《俄罗斯报》和“今日俄罗斯国际新闻通讯社”在中俄两国元首的见证下签署共建了“中俄头条”，这是双方共同打造的中俄双语移动融媒体平台。平台以 App 为主要呈现形式，用户可以在手机端和电脑端的中俄社交媒体上阅读中俄相关资讯。“中俄头条”这一融媒体平台充分发挥了新媒体的便捷性和大众性优势，创新发展了中俄之间的新媒体交流平台。除此之外，《俄罗斯报》在俄罗斯国内的社交平台 VK 和国外的 YouTube、Instagram、Twitter 等社交平台上都开通了官方账号，每天持续转推或发布相关新闻讯息。目前在 VK 上《俄罗斯报》的订阅已达到近 30 万人，但在 YouTube 等国外社交平台上的订阅量相对较少，只有 8000 多人。由此可见，《俄罗斯报》在国内还是有一定的读者基础的，但在国外知名度相对较低。

（二）苏维埃俄罗斯报

《苏维埃俄罗斯报》（《Советская Россия》），简称《苏俄报》，在 1956 年 7 月

1 日发行首刊，目标是成为俄罗斯的喉舌，让人们可以通过该报来了解俄罗斯。伟大的苏联作家米哈伊尔·亚历山德罗维奇·肖洛霍夫曾在《苏俄报》首刊上发表文章。此后，《苏俄报》的报道重点集中在苏联的政治、经济、文化建设上，记录国家的每一个重要事件。苏联解体后《苏俄报》非常关注国家态势和读者需求，在报刊中几乎有 3/4 的版面用于刊载读者来信。《苏俄报》的经济来源大多依靠订阅、零售和读者捐款，广告收入微乎其微。

目前，《苏俄报》正式版面上除了《政治》《社会》《全球》等栏目之外，还设立了《证据》《人民之声》《国家记录》等特色栏目。

《证据》于 2009 年 6 月 25 日正式设立，此栏目是在当时的俄罗斯总统梅德韦杰夫的领导下创建的。栏目通过为读者提供相关文件和对事件的分析向大众讲述俄罗斯的历史和现状，开办此栏目的主要目的是用"证据和事实"打击俄罗斯国内外存在的伪造历史以及损害俄罗斯国家利益的不良企图。《人民之声》特别栏目主要是刊发读者来信，共同讨论受到广泛关注的热点问题和事件，自 2001 年出版第一期后就作为固定栏目持续刊载。《国家记录》是在 2002 年 8 月 8 日正式设立的，以杂志的形式进行特色排版，主要刊登关于俄罗斯文化、科学、公众人物以及重要历史事件的文章，将俄罗斯国内的代表性人物以及俄罗斯历史上的重大事件都记录在此版块，同时还会刊登对当代生活现象进行评价和分析的文章。

在新媒体时代，相对于其他报刊而言，《苏俄报》在新媒体和社交媒体的运用上较为薄弱。目前《苏俄报》在 VK 上的社区关注量为 2378 人，在 Twitter 和 YouTube 上的关注量仅为 533 人和 231 人。作为官方账号，《苏俄报》在这些社交平台的活跃度不高，更新频率低，并且也未推出手机端 App。

不可否认，《苏俄报》自创刊以来对社会的见解是极具深度和独创性的，但向新媒体转型的进展较为缓慢，业务重点依旧放在纸媒和电脑端官网的消息更新上，在技术手段上未有突破性创新。

(三)消息报

《消息报》(《Известия》)创刊于1917年3月,报纸的第一期《彼得格勒工人代表苏维埃消息报》当时在彼得格勒出版。十月革命胜利后《消息报》成为苏联最高苏维埃的机关报,并于1918年随苏维埃政府迁往莫斯科。1918年3月12日,《消息报》在莫斯科的第一期以"全俄农民、工人、士兵和哥萨克代表苏维埃中央执行委员会的《消息报》"为题出版。1923年7月14日,《消息报》成为苏联中央执行委员会和全俄中央执行委员会的机构之一。自1938年1月26日起,该报以《苏联工人代表苏维埃消息报》的名义出版,从1977年到1991年,以《苏联人民代表苏维埃消息报》的名义出版。1992年在私有化过程中,《消息报》成立开放股份公司,负责出版全国性日报的业务。目前《消息报》是国家媒体集团的一部分,报道内容包括俄罗斯国内外事件、商业经济、文化和体育活动等。

2017年,《消息报》电视频道IZ.RU正式成立,同年在彼得堡经济论坛上《消息报》多媒体中心(МИЦ Известия)正式成立。该中心是在第5频道、俄罗斯联邦电视台、IZ.RU电视台及第78频道的基础上建立的,是制作和传播电视、报刊、互联网内容的最大的通用信息平台,以内容独特性、即时性、形式多样性使用户获得极佳的阅读和观看体验。2017年,《消息报》多媒体中心获得"俄罗斯互联网奖"文化媒体和大众传播奖项。

同时,《消息报》也在不断建设自己的社交媒体平台,在Twitter、Facebook、Instagram等多个平台都有自己的账号,实时更新独家内容。《消息报》凭借着纸媒、新媒体、社交媒体等多媒体融合发展,在保持自身严肃风格的基础上,面向全世界即时发布新闻及相关分析和评论,摘引量在俄罗斯联邦报纸中名列第一。据《消息报》官网报道,2021年,《消息报》门户网站的全球受众增长了14%,约为2.3亿人,网站的月访问量增长了4% ,达到3200万,网站的月浏览量增长了 13%,达到 2.85 亿人次(2020 年为 2.52 亿人次)。[①] 在社交媒体上,《消息报》的视频浏览量突破百万大关,获得数以千计的点赞、转发和评论。社交平台的总订阅人数多达 200 万以上,其中在俄罗斯本土最大社交平台 VK 上关注人数为 9 万,在 Twitter 和 Facebook 上的订阅人数分别为 48 万和 30 万。

从 1917 年创刊至今,《消息报》几经时代考验,在不断转型和调整中寻找适合自身的发展方向,坚持严肃的办报风格,以即时、准确、有深度的报道和分析吸引大量读者,成为俄罗斯新闻传播领域的代表之一。

(四)共青团真理报

《共青团真理报》(《Комсомольская правда》)是面向全俄发行的报纸,1925 年由苏联共青团创立,当时是共青团中央的机关报。该报的宗旨为以共产主义精神教育青年一代,帮助青年掌握马克思列宁主义理论、科学文化知识,动员和组织青年积极完成党交给的各项任务,用醒目多样的标题、栏目和生动丰富的内容,总结、交流共青团工作和工农业生产建设中的先进经验,反映大、中学生的生活。该报 1930 年荣获列宁勋章,1945 年获一级卫国战争勋章,1950 年和 1957 年两次获劳动红旗勋章,1975 年获十月革命勋章。

1984 年 2 月 23 日,《共青团真理报》出版第一期副刊《对话者》,受到 20 岁左右青年人的追捧。当时该报的发行量多达 135 万份,打破了当时报纸发行纪录。20 世纪 90 年代初,报纸的发行量位居世界第二。随着改革的开始,《共青团真理报》也开始刊登揭露苏联历史的批评性文章,这让报纸的知名度进一步提高。1990 年,《共青团真理报》成为世界上发行量最大的日报,日发行量多达 2237 万份。自 1990 年 12 月 1 日起,《共青团真理报》定位发生了改变,不再是共青团中央的机关报,而成为面向全苏的日报。1991 年"八一九"事件期间,该报被国家紧急委员会取缔。苏联解体后,《共青团真理报》实现私有化,报纸定

---

① В 2021 году Digital-аудитория холдинга МИЦ《Известия》выросла на 22% [EB/OL].(2021-12-27)[2024-03-28]. https://iz.ru/1270245/2021-12-27/v-2021-godu-digital-auditoriia-kholdinga-mitc-izvestiia-vyrosla-na-22.

位趋向娱乐,保留原名继续发行。苏联解体后,共青团不复存在,很多人建议更改这个具有时代特色的刊名,但报社考虑到该报在俄罗斯拥有良好的声誉,认为这是无形资产,最终还是决定保留原名,这个名称也是在与报业同行竞争中的宝贵财富。

2009 年,《共青团真理报》的专属电台正式开播,节目内容包括新闻简报、早间节目、时事分析节目和大量的直播节目。2011 年,《共青团真理报》电视台正式成立。2013 年,报社开始将重心转到移动媒体上,开发自己的应用程序,使用户能随时随地阅读新闻、收听广播、观看视频。在 Spetskor 应用程序上,用户可以随时随地分享有趣的事情、图片和视频;此外还有针对儿童群体的应用程序 Yeroshkin' s。该报的官方网站是俄罗斯网站中最早使用多媒体技术的网站之一,读者可以根据自身需要选择多种方式在线关注全球范围内任何重要的事件。

第三节　俄罗斯广播业格局

在世界无线电的发明史上,俄国发明家亚历山大 · 波波夫与意大利人马可尼同是无线电技术的奠基者,无线电的发明在世界科技史上具有里程碑式的意义。苏联广播是经历了战争的磨炼在伟大卫国战争中发展壮大起来的,战争期间广播成为抗击德国法西斯、凝聚人心、鼓舞苏联军民士气的有力武器,是苏联军民获得精神力量和必胜信心的重要源泉。1945 年,苏联政府将 5 月 7 日命名为"广播日",1980 年,"广播日"成为全俄无线电通信领域的法定节日。

目前,作为传统媒体的广播在俄罗斯媒介市场中仍然占有重要的位置。据俄罗斯广播电视网统计,俄罗斯 98.4%的人口拥有 20 个数字电视频道和 3 个广播频道，包括俄罗斯电台、灯塔和新闻 FM 电台。① 在人口超过 10 万的俄罗斯城市中有 3500 多个广播电台。莫斯科有 54 家广播电台，圣彼得堡有 34 家广播公司，87%的民众每月至少收听一次广播，55%的民众每天都收听广播。②

一、俄罗斯国有广播电台

（一）俄罗斯联邦广播

国有广播电台归属于国家或国有企业，影响力大，听众覆盖面广。目前，俄罗斯境内最有影响力的电台是“俄罗斯联邦广播”（Радио России）。该电台成立于 1990 年 12 月 10 日，属于综合性电台，隶属于全俄国家电视广播公司，广播网覆盖全俄，拥有 1.5 亿听众，并连续多年占据电台收听率排行榜第一的位置。

电台开办初期有三套节目，每天播音 6 小时，后改为全天播出。1992 年，在叶利钦的支持下俄罗斯联邦广播开始 24 小时全天候播音。此时，电台在节目内容设置和播出形式上都在尝试阶段，最初的节目内容包括新闻、专题类、文学艺术、宗教、儿童和娱乐休闲节目。苏联解体后，由于商业电台数量激增，广播市场竞争日益激烈，电台不得不重新考虑节目定位，加快改革步伐。这次国有广播改革具有风向标性质，展现出国有电台的改革决心和竞争意识。改革后，原创节目大大增加，内容选择上更加关注与人民息息相关的问题，缩小了与听众之间的距离。节目类型涵盖了新闻资讯节目、分析性节目、社会教育节目、科普节目以及艺术、娱乐和宗教节目等，基本满足了不同听众群体的多元需求。同时也开办了听众参与类节目，例如《来信时间》《来自俄罗斯的爱》等。③ 在节

---

① Всемирный день радио：РТРС рассказывает，каким было и стало радиовещание[EB/OL].（2021-02-10）[2024-03-28].https://news.myseldon.com/ru/news/index/245356286.

② Радиовещание в период ограничительных мер в России.Министерство цифрового развития，связи и массовых коммуникаций Российской Федерации[EB/OL].（2021-10-25）[2024-0328].http://www.ipk.ru/ftpgetfile.php？ id=947&ysclid=lub.

③ Шереля А А. Радиожурналистика[M].Москва：Издательство Московского университета，2005：92.

目设置方面则根据人们的收听习惯合理安排:早间时段安排两个小时的联播节目,其中包括记者的连线报道、音乐和新闻。日间时段的节目为生活类话题的"家庭科学院",内容包括文学阅读、律师建议、医生指导、厨房秘密等,时事类谈话节目也占一定的比例。晚间时段主要安排面向年轻人的娱乐节目。儿童和青少年节目通常在早间和晚间时段播出。《儿童岛》节目的收听对象以小学生为主,是一档知识性的节目,《幸福的车票》和《晚餐之舞》则是特别为青少年听众开办的心理咨询类节目。

进入21世纪,俄罗斯联邦广播将目标设定为"面向所有人的真正广播"。目前,电台有160个不同类型的原创节目,包括信息分析类专题、音乐、科学、文学和戏剧以及儿童节目。由于普京总统的务实作风和显著政绩,民众对国家形势和社会状况的关注度大幅提升,电台加大了社会、政治分析性节目的比重。此外,儿童节目也十分丰富:《儿童问题》节目致力于解决俄罗斯的孤儿和收养问题;《儿童图书馆》——关于儿童综艺、音乐会、节日和音乐团体的节目;《明星故事》是讲名人阅读童话的故事;《动物》是针对高中生的教育节目。此外,由苏联功勋演员和人民艺术家参与创作的文学节目和广播剧也广受好评。电台的广播剧经常获得"广播发烧友"(Radiomania)大奖。"广播发烧友"奖是俄罗斯无线电广播领域的年度国家奖项,设立于2002年,旨在提高广播的声望,展示行业成就,交流经验并提高广播工作者的专业水平,这是广播业最令人瞩目的全俄专业奖项。

目前,俄罗斯联邦广播在VK平台上有一个认证账号,订阅用户1.6万人,发布内容包括新闻资讯、节目回放、节目预告等,与直播同步较少。OK上有一个认证账号,订阅用户6500人,发帖量为1万条,发布内容包括新闻资讯、分析评论、社会文化等。Facebook上有一个认证账号,订阅用户1.7万人,总获赞数1.6万,发布内容以资讯类为主,涵盖政治、经济、社会等多个领域,账号中划分了图片、视频、音乐、体育等多个栏目。在Telegram上有一个主账号,订阅用户7409人,发布内容涵盖政治、经济、文化、娱乐等领域。在Instagram和Twitter上各有一个未认证账号,但这两个平台上的账号活跃度较低,订阅用户数量在2000以下,发布内容也明显少于前几个平台,发布内容同样是政、经、文、娱等领域的资讯。

俄罗斯联邦广播在新媒体平台上的活跃程度相对较低,且国外新媒体平台的活跃程度远低于国内新媒体平台。发布内容以各领域资讯为主,不同平台发布内容的差异性较大,与电台直播同步的情况也相对较少。

(二)新闻 FM 广播

新闻 FM 广播(Радио Вести ФМ)是俄罗斯电视广播公司下属的新闻广播,于 2008 年开始播音,是 24 小时新闻台,主要播出政治、文化和体育新闻。该广播电台的广播网络包括俄罗斯 90 个以上的城市,受众层面广泛。新闻 FM 广播是俄罗斯国内较早应用新媒体平台的广播。在国内新媒体平台方面,新闻 FM 在 VK 上有一个主账号和两个地区账号(雅罗斯拉夫尔和南乌拉尔),主账号共有 4.7 万名订阅用户,主要发布各类资讯内容,部分内容与直播同步。账号页面设有直播、音乐、视频、新闻等栏目。新闻 FM 在 OK 上有一个主账号,订阅用户数量为 1.1 万人,账号上发布的内容以资讯为主,部分内容与直播同步。在 Facebook 上有一个主账号,订阅用户数量为 1.2 万人,内容获赞总数 1.1 万次。账号发布的内容以资讯类为主。账号划分了图片、视频、直播、音乐、体育、影视等多个版块,内附直播链接、订阅通知、留言板等。新闻 FM 在不同新媒体平台发布的内容差异较小,经常在同一时间将相同或相近的内容同步发布在不同的新媒体平台上。

(三)"灯塔"电台

"灯塔"电台(МАЯК)开播于 1964 年,当时是为了与冷战时期西方的"声音"抗衡,以"5/25"方式而闻名,即 5 分钟新闻播报和 25 分钟音乐节目。"灯塔"台是苏联第一家 24 小时播音的广播电台,其开始曲至今仍沿用著名的苏联歌曲《莫斯科之夜》,口号是"生活在继续!"(Жизнь продолжается!)。

经过近60年的发展,"灯塔"台保留其优势节目,并增加新闻速报、互动节目等满足不同人群需求,受到听众好评。电台特别关注文化事件,设有《文化问题》专栏,播放文化生活中的重要事件。体育频道也非常受欢迎,电台会播放体育界的最新消息和独家采访,并邀请球队教练、球员、俱乐部主席、体育明星等与听众对话。电台拥有众多专业人士和知名主持人,并邀请政治家、音乐家、文化学者和体育名家等现场跟听众进行互动。嘉宾与听众不仅讨论社会热点话题,还为听众展示其不为人知的另一面:讲述自己的爱好、收藏或者是奇妙的旅行经历。曾邀请过的嘉宾包括俄罗斯前总理梅德韦杰夫、政治家和议员米罗诺夫和日里诺夫斯基、体育部部长穆特果、著名电影导演纳乌莫夫和梁赞诺夫、法国著名设计师帕科·拉巴纳等众多世界知名人士。

电台获得了许多头衔和奖项,是国家奖"广播发烧友"获奖数量最多的媒体,在"信息节目""记者""音乐节目""体育节目""广播游戏""教育节目"六项提名中获得了最高奖"金麦克风"国家奖。2008年,《灯塔晚间秀》被提名为最佳"娱乐节目"奖。

目前,"灯塔"电台隶属于全俄国家电视广播公司,在Twitter、Facebook、VK等社交媒体上都开辟了账号,它也是俄罗斯最大的播客制作商。

二、俄罗斯商业电台——面对市场竞争的类型化选择

俄罗斯学者把俄罗斯商业电台的发展分为三个阶段[①]。第一阶段,综合化时期:广播频率和节目定位的综合性强,听众定位广泛。第二阶段,类型化时期:电台寻找自己的目标听众,努力打造频道和节目的个性风格。广播"类型化"的概念起源于美国,即为适应不断分化的听众多元需求,针对特定的听众群体办不同类型的广播。第三阶段,专业化时期:建立在与听众互动参与的基础

① Смирнов В В.Формы вещания[М]. Аспект-Пресс, 2002:76.

之上,重视听众的忠诚度和内容的包容性。不同时期的变化体现出俄罗斯商业电台的发展轨迹。目前,俄罗斯商业电台主要分为信息类、音乐类和娱乐游戏类广播。

(一)商业音乐广播

目前,在商业电台中,音乐广播(Музыкальное вещание)是最受欢迎的。俄罗斯音乐广播节目资源储备相当丰富,包括各种流行音乐、经典舞曲、爵士乐、摇摆舞曲等,也有国内外的戏剧、歌剧、民间音乐等。商业音乐台细分程度相当高,俄罗斯广播学者对音乐广播模式进行如下分类①。

1.现代音乐台——AC(Adult Contemporary)模式,最流行的一种音乐台模式,面向 20—45 岁的听众。

2.Soft+AC 模式——抒情音乐,大多播放比较沉静、舒缓的音乐,其中穿插少量的摇滚乐。

3.No+AC—— 热点音乐台,播放大量摇滚乐,例如"蒙特卡洛"电台,主要面向 20—30 岁的听众。

4.CHR——当代流行音乐广播电台,主要面向 12—25 岁的听众,包括:CHR-POP模式,以流行摇滚乐为主,例如"РДВ"电台;CHR/Rhutmic 模式,以节奏明快的摇滚舞曲为主,例如"新欧洲"电台;Modern oriented CHR 模式,以现代摇滚和流行摇滚为主,例如"马克西姆""我们的广播"等电台。

5.Rock ——摇滚乐电台,面向 18—35 岁的听众,这种音乐模式的听众面相对较窄,同时也有不少同类型的电台:AR(Active Rock)模式,流行摇滚乐,播放 20 世纪 70 年代至 90 年代经典的摇滚歌曲,例如"公开"电台;AOR(Album oriented Rock)模式,摇滚专辑,主要播放流行摇滚乐队的音乐;Modern Rock——Mainstream Rock 模式,现代摇滚,这种摇滚乐与其他音乐有交叉的地方,但又不相同,这种音乐相对保守但又有些另类。

---

① Смирнов В В.Формы вещания[M]. Аспект-Пресс, 2002:131-132.

6.Classical——经典音乐台。

7.Oldies——怀旧老歌台。

8.NAC(Smooth Jazz)——轻缓爵士乐,面向30—45岁听众。

9.Alternative——另类爵士乐,面向18—25岁听众。

10.Urban——“黑色”音乐占大多数,面向14—20岁听众,Urban Frac则针对年龄稍大的听众。

11.R&B(Rhythm and Blues)——说唱乐,面向25—40岁听众。

12.Country——乡村音乐台。

13.Folk——民族音乐台。

14.Cristinan——宗教音乐台,其中加入现代乐器进行改编。

15.EZ(Eosy Zistenig)——背景音乐台。

16.Шансон——香颂电台,音乐风格介乎古典与现代之间。

从俄罗斯广播媒介研究学者对音乐广播不同的分类方式可以看出,当代俄罗斯音乐电台的节目类型模式带有欧美类型化音乐电台的鲜明印记,俄罗斯音乐电台的细化趋势也日益明显。

(二)俄罗斯广播

“俄罗斯广播”(Русское радио)成立于1995年8月,隶属于俄罗斯媒体集团。电台开播后,以俄罗斯音乐为主打,节目品味高雅,广告制作精良,主持人经验丰富。最重要的是,它是第一个开启俄罗斯“本土之音”的广播电台,崇尚“心灵之歌”,节目中只播放俄文歌曲,包括流行音乐和经典老歌。在20世纪90年代的时代背景下,民族音乐的回归引起强烈共鸣,电台知名度迅速提高。

“俄罗斯广播”覆盖广泛,包括俄罗斯、乌克兰、哈萨克斯坦、摩尔多瓦、吉尔吉斯斯坦、亚美尼亚以及波罗的海国家、阿拉伯联合酋长国和美国的城市在内的2300多个城市都可以收听“俄罗斯广播”,电台拥有的听众超过1.2亿,每周听众量达到2500万人。电台早间节目是一档名为《俄罗斯辣椒》(《Русские перцы》)的脱口秀节目，由著名主持人爱丽丝·塞列兹涅娃（Алиса Селезнёва）、谢尔盖·梅尔尼科夫（Сергей Мельников）和瓦迪姆·沃罗诺夫（Вадим Воронов）主持，节目在有趣的比赛、抽奖和嘉宾互动环节中展开，带给听众一天的活力和好的心情。电台王牌节目是《黄金留声机》（《Золотой Граммофон》），主持人为罗曼·埃梅利亚诺夫，每周五推出 20 首歌曲，并请听众投票选出每周最佳歌曲。

“俄罗斯广播”在 VK 上共有 3 个认证账号，分别为 Русское радио、Русское радио Азия 和 Русское радио Хит。其中主账号 Русское радио 订阅用户 85.2 万人，该账号发布的内容以音乐、娱乐类为主。OK 上有一个认证账号，订阅用户 48.5 万人，发布内容同样以娱乐类为主，部分发布内容与直播节目同步。Instagram 上有 1 个认证账号，订阅用户数 83.3 万人，已发帖 3.7 万篇，发帖内容以娱乐新闻为主。Youtube 共有 21.9 万订阅用户，内附广播台直播链接，同时还有各栏目的视频集。与其他平台不同的是，Youtube 上的频道发布的内容除了娱乐新闻之外还包括政治、经济、文化等各领域的资讯内容。此外，电台在 Facebook 上的认证账号有 24.3 万订阅用户，发布内容总获赞数 23.8 万。Telegram 上的主账号有 1.6 万订阅用户，发布内容除娱乐新闻外还有各类资讯内容，部分发布内容与直播同步。电台在新媒体平台应用方面的主要特点，一是同步性，即多个平台同步发布类似内容，且多数平台发布的内容与广播台直播保持同步；另一特点是差异性，即不同新媒体平台发布的内容存在差异，国内平台多为娱乐新闻，Youtube 和 Telegram 平台还包含资讯内容。

（三）“欧洲+”电台

“欧洲+”（Европа плюс）是俄罗斯第一个独立音乐台，成立于 1990 年，拥有俄罗斯最大的商业广播网，潜在听众超过 1 亿人。该电台的网络覆盖俄罗斯、乌克兰、亚美尼亚、吉尔吉斯斯坦、哈萨克斯坦、摩尔多瓦、阿塞拜疆的领土。电台曾四次获得国家“掌声”（Овация）奖，并于 1999 年获得俄罗斯第一个专业流行音乐“明星”奖，成为最佳音乐电台。2000 年因对音乐媒体发展的杰出贡献电台获得波波夫职业特别奖。

“欧洲+”电台借鉴欧美音乐台的运作方式，根据受众需求不断调整节目内容。经过多年实践，“欧洲+”现已脱离西方音乐广播模式，节目更加丰富多样，节目类型包括传统音乐、古典音乐、摇滚乐、流行音乐、轻音乐和西方 20 世纪 60—80 年代的怀旧经典音乐等，其中现代音乐的比例占到了 70%。电台目标受众为 20—40 岁的受过教育、高收入的年轻人群体，听众忠实度很高。该电台也是麦当娜、凯莉 · 米洛、碧昂斯、贾斯汀等众多明星的俄罗斯音乐会的合作伙伴。2018 年，该电台成为在莫斯科举行的 U2 音乐会的合作伙伴。

“欧洲+”在 VK 平台上有 1 个主账号和多个地区分账号。主账号订阅用户超过 450 万，发布内容主要涉及时尚、娱乐、生活等领域。主账号划分了音乐、视频、直播等专栏，另外还包括《早餐》（《Живой Завтрак》）、《欧洲音乐榜前 40》（《Евро Хит Топ 40》）等节目。地区分账号既包括圣彼得堡、新西伯利亚等国内地区，还包括哈萨克斯坦等其他国家。OK 上有一个主账号，订阅用户 69.1 万人，该账号发布的内容集中在文化、娱乐领域，部分内容与直播同步，账号中内置了直播链接。Facebook 上有一个官方账户，订阅用户 22.4 万人，总获赞 22.7 万次，发布内容以时尚、娱乐、生活为主，且划分了不同栏目。Instagram 上有一个认证主账号和多个认证地区账号，主账号订阅用户 44 万人，发帖内容以音乐、娱乐等为主。Twitter 上有一个认证账号，订阅用户 25.8 万人，内容以文娱领域为主。Youtube 上有一个认证账号，订阅用户 21.8 万人，该账号发布文娱领域的长视频、短视频，另有各栏目视频选集和直播链接等。

“欧洲+”在各类新媒体平台上的活跃度较高，在国内外都有数量较为可观且比较稳定的订阅用户群体。其在不同新媒体平台上发布的内容虽然都集中在文娱和生活领域，但不同平台发布的内容存在明显的差异，且与电台直播保持一定的同步性。

(四)“香颂”电台

“香颂”电台(Шансон)开播于2008年8月。“Шансон”是法语“Chanson”的音译,原意是指法国歌曲,后来人们将从古典到流行的音乐形式称为Chanson。俄罗斯“香颂”电台以诗词和歌曲节目为主,体现了俄罗斯传统和现代文化的结合。电台重视开发宝贵的俄罗斯民族音乐资源,力求推出独具特色的节目品牌,在节目中介绍精品歌曲和作品风格,邀请创作者走进直播间谈创作感受。从2000年起,“香颂”电台每年举办一次“明星风暴”音乐会,在社会上引发强烈反响。根据Comcon调查公司和盖洛普调查公司的数据,“香颂”电台的听众平均每天超过800万人,涵盖社会各界人士。①

“香颂”电台在VK上有一个认证账号和多个地区分账号,主账号订阅用户450余万人,主要发布音乐、文娱等领域的内容,偶尔发布汽车等生活领域的内容。账号划分了视频、图片、音乐、文章等专栏。OK上有一个认证主账号和多个地区分账号,订阅用户26.9万人,发帖数量1.8万,发布内容以音乐等文娱领域为主,发布内容部分与直播同步。在Youtube平台上的账号订阅用户数量达到47.8万人,发布长视频、短视频、视频合集等,发布内容以音乐等文娱内容为主,另有一部分访谈类节目。Instagram上有一个认证的主账号和多个未认证的地区分账号,主账号订阅用户14.6万人,发布内容以音乐等文娱内容为主。除此之外在Twitter和Telegram上各有一个未认证账号,订阅用户规模为3000—4000人,发布内容与Instagram平台上的内容类似,主要集中在音乐等文娱领域。电台在国内新媒体平台的活跃程度明显高于国外,发布的内容以音乐等文娱领域内容为主,不同新媒体平台发布的内容较为同质化。

在普京时代广播媒介进入国家“远程”控制的市场化时期,国营电台和商业电台的大量开办促进了广播媒介市场竞争白热化,也促进了俄罗斯广播对听众细分的多元化需求。为了适应不断细分的听众需求,大量专业化电台开始出

① История《Шансон》[EB/OL].[2024-03-17].http://www.chanson.ru/.

现。目前,除了上述主要电台外,“交通广播”“别墅电台”“幽默 FM”等进入电台排行榜的前 10 名。“交通广播”主要为民众提供与汽车相关的所有信息,包括路况信息、交通法规、交通事故提示、汽车维修、城市和地区的生态问题等,节目以直播为主,中间穿插一些轻松的音乐和新闻。“幽默 FM”是俄罗斯第一个专门播放幽默、笑话的电台,其中穿插新闻、音乐节目,它的办台目标是“成为俄罗斯最快乐的广播”。

第四节　俄罗斯电视业发展

目前“全俄国家电视广播公司”(ВГТРК)既是俄罗斯广电业的管理机构,也是俄罗斯最大的广播电视网,拥有五个电视频道、6 家电台及两大网络平台等多家广电媒体。电视频道主要包括俄罗斯国家电视频道、“俄罗斯-1”频道、“俄罗斯-2”频道、“俄罗斯-文化”频道、“俄罗斯-24”频道。此外,第一频道、独立电视台、СТС 电视台、ТНТ 电视台等也是俄罗斯知名的电视台。

一、全俄国家电视广播公司的旗舰——俄罗斯国家电视频道

俄罗斯国家电视频道隶属于全俄国家电视广播公司,1991 年 5 月成立。该频道节目信号覆盖俄罗斯全境,其观众人数占全国总人口的 99%,在独联体及波罗的海地区也有 5000 万观众。目前,在欧洲、亚洲、美国等地均可收看该台电视节目。俄罗斯电视台节目类型多元,内容丰富,包括信息节目、电影、电视剧、脱口秀、才艺比赛、娱乐和教育节目、喜剧游戏、纪录片、重大体育赛事和社会政治事件的直播、音乐会。该台与 50 余家影视剧制作商和经销商合作,播放

图 4.1　2021—2022 年俄罗斯各大电视台的收视份额①

大量国内外影视作品。

虽然俄罗斯国家电视频道的节目内容丰富，但是它的旗舰作用仍然体现在新闻节目中。《消息》是该频道的王牌新闻节目，24 小时滚动播出。作为俄罗斯国家电视频道的主打新闻节目，《消息》在创办之初虽尚不具备很强的职业特色，但它打破了“第一频道”官方新闻节目《时间》的垄断地位，在电视新闻领域引发了竞争。但同时因为没有得到足够的资金和物质上的支持，该频道不得不进行商业性活动，节目制作水平下降，广告穿插在新闻节目之中，严重影响了电视台的公信力及权威性。2000 年的调查研究显示，《消息》节目在各个时段的收视率普遍偏低，黄金时段的收视率只有 5.8%，而两家竞争对手第一频道和独立电视台同一时段的收视率几乎是其两倍。2000 年以后，频道将重点放在提高

---

① Mediascope подвел итоги телесмотрения в 2022 году[EB/OL].(2022－12－26)[2024－03－28]. https://www.cableman.ru/content/mediascope-podvel-itogi-telesmotreniya-v-2022-godu.

节目收视率上，对全境的播出时间及节目结构分别做了调整，目的是在全俄性节目与地方性节目"协同作用"的条件下使观众不换频道。《消息》曾获得俄罗斯电视研究院"最佳新闻节目"奖。《消息》节目值得关注的是其新闻平衡性的选择搭配，包括新闻题材的平衡、全国性选题与地域性选题的配合、正面新闻与负面新闻的平衡等。

此外，还有早间播出的《早安，俄罗斯》和周末播出的《一周新闻》节目。《早安，俄罗斯》是一档早间新闻节目，周一到周六早 5:00 开始，播放 5 小时。节目以信息加娱乐的风格谈论居民感兴趣的事情，并邀请政府要人以及不同领域权威的专家，观众可以与嘉宾进行深入交流。《一周新闻》是一档新闻分析节目，创办于 2001 年 9 月 16 日，由俄罗斯著名记者、主持人德米特里·基谢廖夫(Дмитрий Киселёв)主持，主要回顾、评述一周的国内外重大新闻事件，目前是俄罗斯最受欢迎的新闻分析类节目之一，每周日 20:00 播出。该节目在 2005 年、2007 年、2015 年和 2017 年获得了俄罗斯电视研究院颁发的"最佳新闻评论"奖。

目前，俄罗斯国家电视频道的新闻节目在全俄占有重要的位置，其新闻报道的及时性、客观性、深度和广度都有所增加，新闻报道体现完整性原则，遵守事实与意见分离的原则，节目风格统一，重视团队合作。

二、第一频道

第一频道(Первый канал)是苏联中央电视台的第一套节目，1951 年开播，曾因改组而改名为"奥斯坦基诺电视台""俄罗斯公共电视台"，2002 年改为现名"第一频道"。该频道覆盖全俄 98.8%的领土，影响力巨大。目前第一频道的主要节目是新闻和脱口秀节目。

(一)新闻节目

1.《整点新闻》

《整点新闻》(《Новость》)在每天 9:00、12:00、15:00、18:00 播出,播报国内外重要新闻,内容涉及政治、经济、社会生活、文化、体育等各领域。

2.《时间》

《时间》(《Время》)是一档老牌节目,创办于苏联时期,拥有较固定的收视群体,是俄罗斯收视率最高的新闻节目,曾经深刻影响苏联和俄罗斯人的思想和生活,每天 21:00 人们都会习惯性地收看该节目。它曾经是国家的喉舌,据称在苏联时期,美国中央情报局的分析专家就根据该节目播出的新闻来判断苏共中央政治局的人事变动情况。该节目目前仍是第一频道的名牌节目。

3.《晚间新闻》

《晚间新闻》(《Вечерние новости》)在每天 18:00 播出,播报政治、经济、公共生活、文化、体育领域发生的事情。

(二)脱口秀节目

第一频道除新闻节目外,脱口秀节目(Ток-шоу)占了 40%的比例,主题是对当今国内人民关心的话题进行讨论。

《大博弈》(《Большая игра》)节目展示了俄美两种心态、两种对世界的态度,是思想碰撞的平台。节目会分析当天的重点新闻事件,并展示俄罗斯人和美国人对此的看法。该节目创办的初衷是尝试让俄美两国就一些问题达成一致。节目邀请国家杜马教育和科学委员会主席、俄罗斯米尔基金会董事会主席维亚切斯拉夫·尼科诺夫和美国政治学家、俄罗斯裔历史学家德米特里·西梅斯担任嘉宾,试图将节目中的想法和解决方案作为达成两国共识的参考。维亚切斯拉夫·尼科诺夫对此的看法是:“这个节目阐述的是最重要的事情——关于你的命运和你的未来。因为目前两个大国正处于几十年来关系的最低点,如果现在在外交谈判桌上不可能进行对话，那么我们就试图在节目中对话。”

2014 年 5 月，第一频道成立互联网广播部，该部门致力于加强“第一频道”在互联网和新媒体中的地位。至今，“第一频道”除了有自己的官方网站，在 VK 平台上有两个认证账号 Первый канал 和 Новости Первого канала。主账号 Первый канал 订阅用户 210 万人，为综合性主页，发布内容包括新闻资讯、政治经济、社会生活、文娱体育、专题内容等，账号为热播节目设置专栏。另一个账号 Новости Первого канала 订阅用户接近 100 万人，发布内容以新闻资讯为主，同样为热播节目设置了专栏。OK 上有多个认证账号，其中主账号订阅用户 93.7 万人，发布内容涉及各领域，账号划分了图片、视频等版块，并附直播链接。Facebook 上有一个认证账号，订阅用户 157 万余人，总获赞 96.7 万次。发布内容涉及各领域，账号内附直播链接和各热点节目链接。Instagram、Youtube 和 Twitter 上均无认证账号。Telegram 上有一个认证账号 Новости Первого канала，订阅用户 63819 人，发布内容多为节目回放，偶尔有其他资讯内容。第一频道在国内新媒体平台上的活跃程度明显高于国外社交媒体，发布的内容较为丰富，包括资讯类、专题类、热门节目等，不同平台上发布的内容差异较大，且各新媒体平台上发布的内容与电视台直播的同步程度不高，各大平台会不定期发布直播预告及直播回看。

三、私营电视台中的黑马——独立电视台

独立电视台（HTB）开播于 1993 年 10 月，原属于媒体寡头古辛斯基集团。2000 年，天然气媒体集团收购了独立电视台。目前，独立电视台是俄联邦境内最大的电视台之一，观众超过 1.25 亿人，除俄罗斯和独联体国家外，也在纽约、华盛顿、柏林、伦敦、布鲁塞尔、巴黎、耶路撒冷等地播出。

创建之初，独立电视台的运作模式是完全商业化的，按照市场经济的要求进行管理和节目设置，尤其靠鲜明的观点和另辟蹊径的视角来吸引观众，主要

有新闻节目、法律节目、时事评论、游戏体育类节目、幽默节目和音乐节目，节目形式多样且灵活。由于电视台的商业性质，在报道内容和尺度上相比其他国有电视台来说更加大胆，报道范围更加广泛，角度更加多样。最有名的节目是《紧急情况》(《ЧП》)，开播于1996年11月11日，致力于让观众在第一时间知晓新闻，节目24小时持续关注国际紧急突发事件。《紧急情况》之所以成为独立电视台中的佼佼者，与当时人们的猎奇心理有关，同时及时、多角度、全方位、深入的报道也成为节目特色。此外，节目拥有大批知名记者和主持人，他们拥有专业的新闻知识、丰富的现场报道经验，从而拥有大批的忠实观众。《紧急情况》目前的播出时间是周一、周六和周日，设置三档节目，分别是《紧急情况》《紧急情况——调查》《紧急情况——全景解读》，观众可通过这三档节目全方位了解事件真相。

《今日》(《Сегодня》)是独立电视台的王牌新闻节目，从电视台创立至今一直存在，内容主要涉及国内外政治、文化和经济新闻。节目由几个版块组成："今日俄罗斯""今日世界""专题报道"等。节目全天播出5次，每天8:00、10:00、19:00为固定播出时间。

《等着我》(《Жди меня》)创建于1998年，是一档大型寻亲类节目，也是感人至深、能够温暖心灵的节目，节目组帮助人们寻找失去联系的亲人和朋友。从1998年到2017年，该节目在第一频道播出。从2017年起，独立电视台开始接棒制作和播出。最初，节目只在俄罗斯境内寻亲，现在依靠独立台强大的电视网可以在全球100多个国家或地区播出，任何在寻找亲友方面需要帮助的人都可以提出申请。节目在观众中有很大影响力。

《我的游戏》(《Своя игра》)被俄罗斯媒体称为俄罗斯电视上为数不多的真正智力游戏节目之一。该节目借鉴了美国游戏节目 *Own Game*，1994年获得授权并在俄罗斯播出本土版。节目邀请三名玩家参加游戏，他们需要回答问题并获得尽可能多的积分。游戏由4轮组成，包括3轮常规赛和1轮决赛。每轮比赛包含30个问题，涉及6个主题，每个主题5个问题。每个问题价值不同，通常问题的价值越高就越复杂。除了常见的问题外,还有特殊的问题,例如“拍卖问题”和“来自……的问题”,此外,游戏中还会不时出现“赞助商的问题”。《我的游戏》曾在电视游戏类别中获得俄罗斯电视科学院奖,主持人彼得·库列肖夫(Петр Кулешов)获得了俄罗斯电视科学院电视游戏主持人奖提名。

独立电视台在 VK 上有两个认证账号:主账号 НТВ 和娱乐频道账号 НТВ Развлекательное。主账号 НТВ 订阅用户 55.8 万人,发布内容包括新闻资讯、专题报道、节目预告与回放等。主页设置了热点节目专栏和短视频专栏。娱乐频道账号 НТВ Развлекательное 订阅用户 12.2 万人,发布内容主要为各档娱乐节目,主页设音乐、视频等子栏目。OK 上有两个认证频道账号和多个认证节目账号。主账号 НТВ 订阅用户 91.1 万人,发布内容与 VK 平台基本保持同步,另设主要栏目、推荐内容和视频等版块。娱乐频道账号 НТВ Развлекательное 订阅用户 16.1 万人,发布内容与 VK 基本保持同步。Facebook 上有一个认证账号 НТВ,订阅用户 167.6 万人,获赞总数超 100 万,发布内容涵盖各个领域,主页设图片、视频、专题、直播链接等栏目,还设有 Telegram 账号链接。Telegram 上有一个认证账号 НТВ,订阅用户 14.9 万人,发布内容包括新闻资讯、当日新闻汇总、专题内容等,账号还开放直播,可以直接观看 НТВ 电视节目。Twitter 上有一个体育频道认证账号 Спорт на НТВ.Ru,订阅用户5.84万人。独立电视台在国内新媒体平台活跃度较高,发布内容较为同质化,国外社交媒体主要集中在 Facebook 上,但内容更新速度明显慢于国内的 VK 和 OK 平台。

此外,独立电视台还拥有卫视台“НТВ+”。“НТВ+”是独立的俄罗斯卫星电视转播公司,对俄罗斯的欧洲部分播出。该台的工作人员有 900 人左右,观众人数超过 100 万。卫视台 1996 年 9 月 1 日首次播出,到 1997 年共有 4 个频道:“我们的电影”“世界电影”“体育”“儿童世界”。1999 年 2 月 1 日卫视全部实现数字化播出。目前“НТВ+”的订阅用户可以收看到 5 个新闻节目频道、7 个电影频道、6 个体育频道及 5 个教育频道,如“发现”、音乐、儿童、成人频道等。采用的语种有俄语、英语、德语、法语等。“НТВ+”最值得称道的是它的自制节目频道“HTB+体育”“HTB+足球”及直播频道“体育在线”。公司投巨资购买了许多国内外重大体育比赛的转播权,如美国职业篮球联赛、欧洲杯足球赛、各种网球比赛等。

四、第五频道

第五频道(Пятый канал)的前身是1938年7月7日开播的列宁格勒电视台。1945—1948年,节目最初每周播出两次,每次两小时,其间不断延长播出时间,直到1956年10月改为日播。如今,第五频道是电视领域的领跑者,为观众提供信息、娱乐等节目,也是公认的优质连续剧内容提供商。近年来,第五频道在4岁以上观众中占有重要位置,在18岁以上全国观众评级中稳定地保持在第四位。

第五频道在VK平台上有两个认证账号。主账号Пятый канал Новости和电影频道认证账号Пятый канал。主账号Пятый канал Новости订阅用户31.9万人,发布内容以不同领域的新闻资讯为主,频道设置了图片、视频、文章、播客等子栏目。Пятый канал订阅用户15.5万人,发布内容以影视、娱乐为主,还包括节目预告、活动推广等,频道设不同的栏目专题。OK平台上的两个认证账号名称与VK平台相同,主账号Пятый канал Новости订阅用户数量近26万人,发布内容包括各领域的新闻资讯、专题报道、节目预告与回放等。频道设图片、视频、信息等栏目。Пятый канал订阅用户7.7万人,发布内容以影视、娱乐为主,频道设特色栏目专栏。Youtube上有一个认证账号Пятый канал,订阅用户218万人,发布内容为新闻资讯、各类节目片段等,频道设有视频、视频集、直播链接等版块,更新内容与其他新媒体平台差异较大。Facebook上有一个认证账号Пятый канал Новости,订阅用户17.8万人,发布内容主要为新闻资讯,且多为直播内容回放,主页还设有直播链接、视频、图片等专栏以及Instagram、Twitter等账号的链接。Twitter上有一个认证账号,订阅用户91.2万人,发布内容基本与 Facebook 保持同步。Instagram 上有一个认证账号 Пятый канал，订阅用户 6 万人，发帖 1 万次，内容以新闻资讯为主，更新速度较 VK、OK 等平台慢。该台在国内外新媒体平台的活跃度较高，发布内容以新闻资讯为主。除 Youtube 平台外，其他平台主账号发布内容的同质性较高。

五、CTC 电视台

CTC 电视台以电视剧和娱乐节目为主，目标受众为 8—45 岁的观众，覆盖率为 97%。电视台的目标是打造俄罗斯"第一娱乐"频道，致力于让观众在观看节目的同时形成乐观和积极的态度。为此，电视台制作了许多丰富多彩的独家节目，在借鉴国外优秀节目的同时完美结合了俄罗斯本地特色，此外还播放好莱坞大片、知名动画片和欧洲经典电影。特别受欢迎的节目有：青年观众情景喜剧《青年》《克里姆林宫学员》；参与者即兴表演的喜剧节目《乌拉尔饺子》《感谢上帝，你来了》；家庭情景喜剧《爸爸的女儿》《沃罗宁》。

CTC 电视台在 VK 上有一个认证主账号 CTC，订阅用户超 340 万人，发布内容多为电视台节目预告与节目回放，涉及社会生活、文化体育等多个领域。频道设热点电视节目专栏。另外还有两个独立频道认证账号 CTC Love 和 CTC Kids 以及一些地区性非认证账号。OK 上有一个认证主账号 CTC，订阅用户 110 万人，发布内容与 VK 平台上的对应账号几乎保持一致，主页设视频等栏目。此外还有两个独立频道认证账号 CTC Love 和 CTC Kids，发布内容与 VK 平台上同名账号几乎保持一致。Youtube 上有一个认证账号 CTC，订阅用户 1160 万人，发布内容为电视节目回放，形式包括短视频、长视频、视频集等，频道内置直播链接。Instagram 上有一个认证账号 CTC，订阅用户 131 万人，发帖量 1.2 万条。发布内容以节目预告为主，主页上方内置与频道和节目相关的多个小程序。Twitter 上有一个认证账户 CTC，订阅用户 50.2 万人，发布内容多为节目预告与回放，发帖频率低于国内新媒体平台账号且已有一年多没有更新。

Facebook 上有一个认证账号 CTC,订阅用户近 34.4 万人,总获赞 85.9 万次。发布内容以节目预告为主,主页划分了视频、社区等版块,并附有电视台官网链接。CTC 在国内外新媒体平台上的活跃度都很高,且国内新媒体平台的活跃度高于国外。国内新媒体平台发布的内容同质性较强,且基本与电视台直播保持同步,国外新媒体平台发布的内容呈现出明显的差异性。

六、THT 电视台

THT 电视台是俄罗斯五个最受欢迎的电视台之一,成立于 1997 年,对俄罗斯全境播出,全国 13 个百万以上人口的大城市和 21 个 50 万以上人口的中等城市都可收看到该台节目,潜在观众达 9000 多万,收视率占俄罗斯电视市场的 7%,位居第五。该台的节目主要面向青年人,目标受众是 18—45 岁的收视群体。从收视性别来看,比较平衡,女性占 55%,男性占 45%。频道的节目包括喜剧系列的真人秀、脱口秀类节目,同时也有动画片、故事片等。THT 的方针是"提供独家节目",致力于向观众提供"在别的电视台看不到的东西"。THT 电视台每天在黄金时间播出真人秀节目,如《家》《12 个黑孩子》等。此外,THT 电视台还播出《禁区》《修理学校》《爱情之价》等一系列实用性节目。

THT 电视台在 VK 平台的认证账号为 Телеканал THT,订阅用户 600 万人,发布内容多为节目预告、节目片段等,涉及社会生活、文化娱乐等诸多领域。频道设短视频、视频、音乐、播客等版块以及与频道节目相关的系列小程序。OK 上有一个认证主账号 THT,订阅用户 71.1 万人,发布内容主要是电视节目和影视剧预告,且与 VK 平台上发布的内容有明显差异。频道内置音乐、视频等版块,以及热播节目和影视剧版块。此外 OK 平台上还有 THT Music、Телеканал THT4 等其他电视频道的认证账号。Instagram 平台上有一个认证账号 Телеканал THT,订阅用户达 1391 万人,发帖数 1.9 万条,内容主要是节目预告与推广,主页内置与节目相关的一系列小程序。Facebook 上有一个认证账号

Телеканал THT，订阅用户588万人，发布内容以节目预告为主，涉及电视节目和影视剧，与国内VK平台上发布的内容基本同步。频道内附Instagram平台账号链接。Youtube平台上有一个认证账号THT Смотри ещё，订阅用户72.2万人。发布内容多为节目回放，包括长视频、短视频、视频集等。THT在国内外新媒体平台上活跃度较高，账户发布内容与直播同步性较高，不同平台发布的内容存在一定差异，但VK平台与Facebook平台发布的内容较为同质化。

第五节　当代俄罗斯的文化政策

在转型过程中，俄罗斯在文化领域的真空状态暴露出了种种问题。普京在执政之后先后实施和推行了一系列文化政策，秉持着"俄罗斯新思想"的核心文化发展观，积极探索俄罗斯文化大国的重建之路。《"俄罗斯文化"联邦目标纲要》是俄罗斯目前文化政策的顶层设计，集中体现了"俄罗斯新思想"，为当代俄罗斯的文化发展目标、整体方向和对应任务等提供思想指导。

一、"俄罗斯新思想"成为俄罗斯文化政策的核心理念

在社会矛盾和精神危机并存的背景下，普京将现代化文化强国建设战略与俄罗斯优秀的传统文化内核紧密联结起来，提出了俄罗斯文化、思想价值和意识形态建构的核心理念——"俄罗斯新思想"。"俄罗斯新思想"可追溯到"俄罗斯思想"，一般指的是俄罗斯民族从古至今创造的全部思想文化成果，是俄罗斯民族文化感悟和精神创造的积累和沉淀。

俄罗斯当代文化学者利哈乔夫对"俄罗斯思想"进行了深度的考察和探索。在著作《俄罗斯思考》一书中利哈乔夫集中诠释了对俄罗斯文化和历史的分析与思考，表达了对该思想的独到看法，并将其融入俄罗斯政治、经济、社会、生活

等现实领域。普京从“俄罗斯思想”的传统理念当中汲取营养并融入当代文化学者的思考,在对西方所宣扬的自由、民主、博爱等思想进行反思之后提出了凝结俄罗斯文化价值理念的“俄罗斯新思想”。

“俄罗斯新思想”的四大支柱分别是“爱国主义”“强国意识”“国家作用”和“社会团结”精神,具有极强的政策指导性和现实意义。“爱国主义”重视恢复爱国主义的传统,提升民族自信、自尊、自豪,使人民燃烧起为民族和国家复兴奉献力量的渴望,去除苏联解体以来盛行的历史虚无主义和民族虚无主义的影响。“强国意识”重视恢复俄罗斯强国传统,为现代化强国战略建设奠定思想基础,弱化一部分人大力鼓吹的全盘西化和“融入西方”的思想。“国家作用”旨在通过强化中央集权来改变政府无力的状况,消除激进的自由化、市场化改革带来的弊病。“社会团结”旨在借助宗教复兴的力量来重塑道德和文化精神,消除个人主义和道德沦丧的社会顽疾。由此可知,“俄罗斯新思想”在吸收以往俄罗斯文化精英在哲学思考、文艺创作、宗教探寻等多个领域的思想结晶的基础上,更加重视对国家危机和拯救之路探索的政治现实需求,其本质是一种市场经济条件下国家转型后的以国家利益为核心的国家文化主义思想。

普京在上台之后,尤其是 2012 年以来,进行了多种文化理念和政策的实践,2014 年颁布的《俄罗斯国家文化政策基础》(Основы государственной культурной политики)正式确立“俄罗斯新思想”为国家意志,将该思想作为今后发展俄罗斯文化建设依据的基础法则。“俄罗斯新思想”不仅仅是目前俄罗斯在意识形态领域的核心理念,更是在转型关键期和迷茫期关于文化价值观的哲思录和重建文化大国的启示录,是目前俄罗斯文化政策和法律的主旨思想。

二、重建文化大国战略的指导范式

为重建俄罗斯文化大国地位,普京统帅的俄政府在“俄罗斯新思想”的指导下,创构出以宪法为根本依照,以文化立法等法律法规为基本保证,以《俄罗斯国家文化政策基础》等纲要性文件为谋划指南，以加强国家层面上的文艺教育和文化奖励制度为协助方式的文化政策体系。

2014 年 12 月 24 日，普京签署了第 808 号总统令——《俄罗斯国家文化政策基础》，该文件确定了国家文化政策发展的主要方向，也是俄罗斯联邦制定和完善文化发展以及国家、市政立法和制定其他规范性法律的基础性文件。俄政府在继承传统的文化政策的基础上形成了新世纪国家文化建设的顶层设计蓝图，旨在改善文化事业资金短缺、社会价值观缺失、道德滑坡、文艺创作发行停滞、文化瑰宝毁坏严重并流向海外等文化领域面临的各类危机，达到进一步建设俄罗斯统一文化空间的目标，加强全俄文化保护、建设和发展。《俄罗斯国家文化政策基础》对文化建设中的各因素进行审视、选择和判断，构建了全局优化的政策布局，在规划的方针制定、具体实施、推行体制和结果监测等方面都做了具体的指导性说明。

在方针制定上，《俄罗斯国家文化政策基础》扎根于“俄罗斯新思想”的土壤，提出了“保卫俄罗斯文化的珍稀性，为人民平等获取文化价值提供保障，充分发挥和实现每一个体的精神和文化潜力；保证历史文化遗产的完整性；扶助青年文化人才，推动艺术教育体系的发展；专项支持文学和艺术创作，为艺术创作和创新提供良好的环境；加强文化交流；推进高新信息技术在文化领域的应用；帮助民族文化艺术活动者走向世界舞台；更新大众传播和文化组织的专业设备；完善俄罗斯联邦的无线广播电视网络”①的总体方针。

在具体实施上，从“文化遗产开发和保障”“文化统一性”“文化信息化”“文化教育”“文化现代化”“国家形象提升”等多个方面推进具体实践和专项资金援助。任务为：保护国家文化遗产；建设具有统一空间的俄罗斯文化；保证人民享有文化信息资源的权益；保护和培养文化领域的优秀人才，特别是青年人才；加快文化信息化建设；支持文学和艺术创作，提高国际竞争力；推动俄罗斯文化

① Федеральная целевая программа “Культура России (2012-2018 годы)” [EB/OL]. (2014-08-12) [2016-11-15]. http://archives.ru/sites/default/files/186-prill.doc.

走向世界,提升国际形象。

为保证政策的有效实施,俄文化部专门成立了相应的委员会来监督和评估方针调控、执行效果、投资融资、反馈改进等有关事宜。该政策重视多方面、多渠道、多层次筹集文化领域的发展投资,指出文化建设过程中必须引入预算外的投资资金,在现行市场经济体制的基础之上,依靠个人和国家协作的手段进行发展。为确保文化政策的施行结果和反馈改进的监督力度,在《俄罗斯国家文化政策基础》第三次修订中特别添加了成果反馈和评估部分,指出文化政策的施行结果具有"延后性"特征,并撰写了详细的检验和分析报告,报告反映出俄罗斯在文化政策施行中注重对效果的监督与反馈。

三、俄罗斯当代文化政策的基本特征

以《俄罗斯国家文化政策基础》为核心的文化政策和法律法规反映出普京上台之后积极创建统一文化空间、努力捍卫文化安全、推动复兴文化大国的战略目标和国家意志,并且充分体现了目前俄罗斯文化政策的下列基本特征。

(一)坚持国家利益至上

普京在执政以来,对历史遗留的政策进行整体性调整,将国家盛行的对自由主义思想的盲目崇拜转向俄罗斯现实国情,开始积极理性地探索符合本国道路的机制体制,逐步挣脱出依附型国家形态,同时向自主型国家形态转变。在这样的国内背景下,俄罗斯愈发重视文化大国地位的复兴,并将其提升至捍卫国家主权完整的高度。目前,在文化领域捍卫国家利益的主要方针为加强文化软实力和民族与国家认同感、推进文化产业和文化事业建设、坚定民族信念、重塑国家意识形态观念等,并从文化传承、文化推广、文化发展、文化安全四个维度进行组织规划,最终实现促进文化产业繁荣兴盛,文化事业活力健康,加快现代文化产业体系布局的规模化、多样化和信息化的整体目标。

(二)捍卫民族文化独特性

捍卫俄罗斯民族文化的独特性不仅是守卫文化安全的基础保证,而且在更高的层次上已经成为确保文化生命力的动力源泉。普京在上任之时,明确提出俄罗斯文化是俄罗斯民族个性的活力根源和俄罗斯历史和国家延续性的重要标志,提出“在维护各民族文化和民族特殊性的基础之上,保护俄罗斯作为多民族国家的统一性”①。基于此背景,俄联邦委员会通过了多部文化保护相关的法律法规和政策文件,重点强调保护民族物质和非物质文化遗产,积极培育文化领域中的青年人才,推广普及文艺和历史知识,在国内外广泛开展国家文化年、知识年等大型活动,向外推广俄罗斯传统文化、历史节日及庆典活动,在海外创立俄语教育中心等语言和文化宣传组织,坚定捍卫了俄罗斯民族文化的独特性,巩固了海内外俄罗斯人的身份认同感和国家信念感。

(三)加快俄罗斯文化的现代化进程

普京非常重视加快社会的现代化进程,尤其是文化现代化进程,因为这不仅是复兴俄罗斯文化的重要途径,更是接续了自古以来俄罗斯渴望由传统社会向现代文明演进,继而成为世界强国的一致心愿。与西方不同的是,俄罗斯的现代化进程一般是由国家政权主导,国家及其领导者自上而下地推动社会发展。而在这个过程中,重心始终落在实现人的现代化,即文化的现代化之上。所以,推动公益化、高质量、社会性的国家现代文化服务体系建设并且无差别地覆盖到全俄所有公民,加快俄罗斯民族文化产业和文化事业建设以及人的现代化进程是俄罗斯目前的文化政策和法律法规的突出宗旨之一。

---

① Указ Президента РФот 24.12.2014 N808 “Обутверждении Основгосударственной культурной политики”(24 декабря 2014 г.)[EB/OL].(2015-01-02)[2016-11-15].http://www.consultant.ru/document/cons_doc_LAW_172706/.

思考与练习

1.简述当代俄罗斯的传媒格局。

2.简述俄罗斯的主要媒体及其特点。

3.简述俄罗斯媒体管理机构的职能。

4.简述当代俄罗斯文化政策的核心思想。

5.简述俄罗斯文化政策对大众传媒的影响。

第五章　俄罗斯网络媒体发展及其监管

第一节　俄罗斯网络发展

俄罗斯互联网发展起步很晚，到20世纪末才初具规模。由于长期受经济危机的束缚，俄罗斯与发达国家之间形成了“数字鸿沟”。普京总统上任后，对俄罗斯的信息化建设高度重视，并制定了系列计划推动俄罗斯网络发展。目前俄罗斯网络水平已位列欧洲国家前列，形成了以 Runet 为标志的较为独立的俄系互联网。在移动互联网时代，俄罗斯网络巨头转向开发自己的数字生态系统，试图以个性化、精确化的服务抓住用户需求。

一、俄罗斯互联网发展历程

(一)俄罗斯互联网的起步与发展

俄罗斯的网络发展可以追溯至1952年的苏联时期，当时计算机通信主要应用于军工产业，旨在加强国防能力建设。俄罗斯国民首次接触互联网是在苏联解体之前,1990 年 8 月 1 日,苏联创建了第一个全俄规模的网络——列尔科姆(Релком)。

1990 年 8 月 28 日,库尔恰托夫原子能研究所与芬兰赫尔辛基大学的外国终端进行了第一次调制解调器通信会议[①],这天被认为是俄罗斯正式接入互联网的第一天。1990 年 10 月 19 日,第一个苏联域名“SU”[②]注册。域名“SU”在苏联解体后继续使用了几年,直到 1994 年 4 月 7 日,InterNIC 正式授予俄罗斯公共网络发展研究所(РосНИИРОС)管理 RU[③] 域名的权力,俄罗斯互联网的“Runet”(俄文:Рунет)时代就此开始。根据俄罗斯互联网技术中心(Технический центр Интернет,ТЦИ[④])的数据,截至 2022 年 7 月,以.ru 为域名的网站约有 498 万个,数量在世界排名第六,网站数量排名前五位的网站为以.tk(托克劳)、.cn(中国)、.de(德国)、.uk(英国)、.nl(荷兰)为域名的网站。而以.рф[⑤] 和.su 为域名的网站分别有 67 万个和 10 万个。

1992 年列尔科姆公司曾将《消息报》和国内一些周刊制作成电子版并在网上进行传播,当时主要是借助电子邮箱和 FTP 数据传输服务。1992 年 11 月叶甫盖尼·佩斯金(Евгений Пескин)创办了一个公共的电子图书馆,开放传输各种语言的文学作品,网络开始作为大众传播手段也由此发轫。

随着个人网站的逐渐涌现,俄罗斯政府逐渐意识到了网络发展的重要性。1994 年,俄罗斯教育部制定了高等学府科研规划,明确将创建“俄罗斯联邦大学计算机网络”(Russian University Network,RUNNet)作为一项年度重要任务。1994 年至 1997 年是俄罗斯互联网的实验和试错时期,出现了诸多尝试开发互联网独家内容的公司,如第一个新闻网站“НСН”(Национальная служба

① Михаил Фомичев.История развития российского Интернета[EB/OL].(2011-09-19)[2024-03-17].https://ria.ru/20110919/439857350.html.

② 取自英文“Soviet Union”,即“苏维埃社会主义共和国联盟”。

③ 取自英文“Russia”。

④ https://tcinet.ru/.

⑤ 取自俄文“Российская Федерация”,为俄罗斯的国家和地区的顶级国际化域名,与.ru 不同的是,.рф 的二级域名都是用西里尔字母书写的。该域名 2010 年开始开放注册。

новостей）、信息门户“www.infoart.ru”和“Русский клуб у Агамы”、笑话网站“Анекдот”、第一份社会政治杂志《Русский журнал》等。Yandex 搜索引擎也在 1997 年正式推出，该引擎基于形态分析执行搜索，而不论所查询词的大小写和变格变位，首次实现了对俄语的自然语言搜索。俄罗斯网络发展在 20 世纪 90 年代较为缓慢，1996 年底俄罗斯的网民数量仅为 40.9 万人，1997 年底增至 67.8 万人，其中超过半数网络用户为莫斯科居民①。

1998 年是俄罗斯互联网用户突破 100 万的关键时期，此时网络在线期刊市场已经趋于成熟。1998 年 4 月 9 日，Runet 上开设了俄罗斯第一家在线商店 Ozon，功能类似于美国亚马逊；Mail.ru 集团也于 1998 年 10 月 1 日推出了免费的邮件服务，在数月内便成功招揽大批用户；此外，如今依然焕发勃勃生机的 РБК.ру、Газета.ру 和 Лента.ру 也分别于 1998 年 8 月、1999 年 2 月和 9 月成立。

（二）俄罗斯网络发展新阶段

进入 21 世纪，俄罗斯网络发展踏入了新阶段，互联网使用人数激增，大量网站涌现，电子商务也开始崭露头角，诸多大型传统媒体看到在线广告市场的巨大潜力后也开始向网络市场进发，互联网开始深度介入民众的生活。《共青团真理报》和《消息报》成为传统媒体向网络转型的领军者，2002 年至 2003 年二者均位列俄罗斯互联网访问量最大的网站前十名。这一时期也出现了聚合类网络新闻平台，这类平台并不制作新闻内容，而是编辑、转发来自其他媒体的新闻，Yandex 新闻（Яндекс.Новости）就是这类模式中的佼佼者，至今仍然坚持这种新闻服务模式。

俄罗斯政治领域在互联网上也进行了创新尝试。2000 年 2 月 25 日，普京个人竞选网站 Putin2000.ru 投入运营，一经上线普京便在网站上发表了给选民的公开信。成功当选后，普京于 2002 年开始实施《2002 年至 2010 年“电子俄罗

---

① История развития Интернет-СМИ в России［EB/OL］.（2016-08-01）［2024-03-17］.https://dni.ru/academ/2016/8/1/347408.html.

斯"》联邦专项纲要，该纲要是俄罗斯的信息化进程指导性文件。纲要主要目标是大力发展俄罗斯网络建设，在俄罗斯境内铺设"电子大道"，发挥俄罗斯在网络信息技术方面的潜力，同时出台有关法规，消除各部门和行业间的信息传播障碍。

2008 年俄罗斯联邦通信与大众传媒部发布了"家家户户宽带上网"计划，旨在保障俄罗斯所有的居民点获得基本的电话通信保障。

博客、视频内容和社交媒体是 21 世纪初俄罗斯互联网媒体发展中的重要因素，以往人们只能通过互联网浏览、获取信息，社交媒体的广泛运用，使用户能够在网络上进行内容创作、情感交流和信息分享。2004—2006 年，俄罗斯互联网上博客圈异常繁荣，博客的人气高峰出现在 2006 年，当时在俄罗斯互联网上平均每小时就会有 100 个新博客注册，与 2005 年的时均新增 20 个博客的速度相比有了显著的提升。2006 年 YouTube 视频服务的推出使得视频内容开始在互联网上迅速传播，一举打破了互联网上"网站即纸质出版物的副本"的媒体模式①。随后，社交媒体的出现使互联网用户能够主动参与互动、主动上传内容，人们不需要具备专业的新闻、编辑知识就可以发表观点、发布新闻，这种模式极大地影响了大众传媒，媒体不仅需要从社交媒体上获取新闻信息，还需要去积极处理用户生成的内容。

二、俄罗斯移动网络发展

俄罗斯移动设备接入互联网始于 1998 年，智能手机等移动设备成为访问互联网的主要工具。智能手机不仅为消费者提供通信服务，也被广泛应用于其他领域。从市场主体的经济目标来看，俄罗斯的移动互联网市场仍是一个买方市场，消费者通过比较价格和服务来选择运营商。俄罗斯通信市场由 MTC、

---

① 杨可，杨依依.21 世纪初俄罗斯互联网媒体发展的主要特征及相关法律规制[J].欧亚人文研究（中俄文），2021(1)：58-63+88+92.

МегаФон、Вымпелком、Tele2 等四大运营商把持,通信网络覆盖联邦所有国家。截至 2020 年 12 月,全球 1 GB 流量的平均费用为 189.8 卢布,俄罗斯则为 24.6 卢布(2019 年底分别为 187 卢布和 37.3 卢布),俄罗斯每 GB 流量费用位居全球流量费用最低国家排名的第二位,仅高于印度的流量费用[①](见表 5.1)。

表 5.1 全球每 GB 流量费用最低的国家[②]

排名	国家	费用(卢布)
1	印度	9.2
2	俄罗斯	24.6
3	印度尼西亚	28.2
4	马来西亚	35.4
5	土耳其	37.1
6	阿尔及利亚	41.1
7	哈萨克斯坦	42.9
8	伊朗	53.1
9	新加坡	58
10	尼日利亚	64.9

2008 年俄罗斯的移动互联网用户数量为 3520 万,2019 年,根据俄罗斯联邦通信与大众传媒部的数据,移动用户设备数量已突破 3 亿台,使用移动设备登入互联网的用户数量达到 7300 万,其中有 3200 万俄罗斯人仅使用移动端接入网络[③]。截至 2021 年底,俄罗斯移动互联网的渗透率已达 73.1%,覆盖到全国 8950 万民众,并且有 3330 万俄罗斯人仅使用移动端接入网络。[④] 在移动端用户中,55 岁以上的人群尤其值得注意,其中有超过 37%的人仅使用移动端。尽管在 2020 年俄罗斯已经批准通过 5G 网络的发展规划,但目前俄罗斯的 5G 建设并未得到积极推进,2020 年俄罗斯境内仅有 14 个 5G 信号塔。据推算,到

① Топ-50 стран по стоимости мобильного интернета(декабрь 2020)[EB/OL].(2021-03-14)[2024-03-17].http://www.content-review.com/articles/52237/.

② 数据来源:俄罗斯电子通信协会(РАЭК),https://raec.ru/activity/analytics/10122/。

③ ИНТЕРНЕТ В РОССИИ: состояние, тенденции и перспективы развития. Аналитический отчет. Ассоциация электронных коммуникаций[EB/OL].(2020-12)[2024-03-17].https://raec.ru/activity/analytics/10122/

④ 数据来源:俄罗斯电子通信协会(РАЭК),https://raec.ru/activity/analytics/10122/。

2025 年俄罗斯的 5G 连接数量将达到 4300 万，接近全球平均水平。

三、俄罗斯网络使用情况

目前互联网仍是俄罗斯发展最为迅速的行业之一，巨大的受众群体和活跃的广告市场使俄罗斯的互联网业务已处于欧洲国家的领先地位。从互联网规模来看，俄罗斯已经成为欧洲最大的互联网市场。根据俄罗斯民意基金会的统计结果，至 2022 年 2 月 6 日，约有 79%的俄罗斯人使用互联网，每天都使用互联网的人达到 74%①。相比之下，在 2000 年，仅有约 3.6%的俄罗斯人接触过互联网，在 2005 年、2010 年和 2015 年，这一比例则分别为 18%、43%和 69%（见图 5.1）。

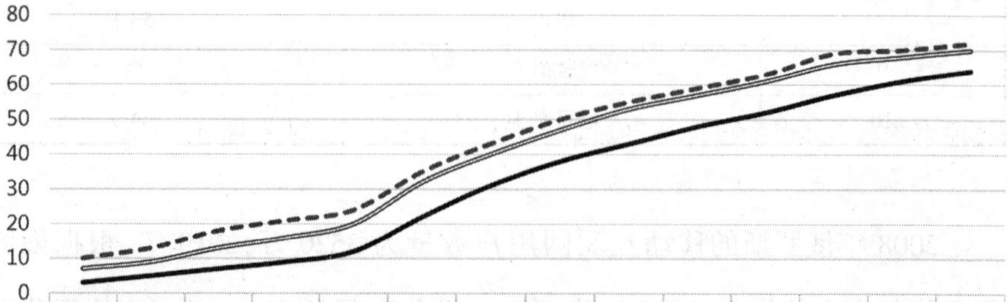

	2003-2004 冬	2004-2005 冬	2005-2006 冬	2006-2007 冬	2007-2008 冬	2009-2010 冬	2010-2011 冬	2011-2012 冬	2012-2013 冬	2013-2014 冬	2014-2015 冬	2015-2016 冬	2016-2017 冬	2017-2018 冬
每日	3	5	7	9	12	22	31	38	43	48	52	57	61	64
每周	7	9	13	16	20	32	40	47	53	57	61	66	68	70
每月	10	13	18	21	24	35	43	50	55	59	63	69	70	72

图 5.1　俄罗斯互联网使用率②

（一）网络成为人们获取信息的主要来源

随着互联网的发展，网络媒体已经逐渐成为俄罗斯人获取信息的重要来

① Популярность источников новостей в интернете[EB/OL].(2022-02-17)[2024-03-17].https://fom.ru/SMI-i-internet/14689.

② Интернет в России: динамика проникновения. Зима 2017-2018 гг[EB/OL].(2018-04-04)[2024-03-17].https://fom.ru/SMI-i-internet/13999.

源。根据全俄社会舆论调查中心[①]的调查结果,1991 年,67%的受众通过电视获取信息,电视是俄罗斯人最大的新闻信息源;报纸仅次于电视,占 31%。2005 年仅 10%的俄罗斯人将互联网作为信息来源使用,2006 年这一比例提高至 13%,2007 年则达到了 20%,但与其他信息来源相比,互联网并未占据领先地位。直至 2012 年,互联网成为继联邦电视台、中央报纸和杂志之后的第三大信息来源,并在一年后成功超越了报纸和杂志,成为俄罗斯人的第二大信息来源。至 2017 年,电视仍是俄罗斯民众获取新闻资讯的主要来源,但随着互联网的普及,从电视获取信息的受众比例已由 2015 年的 62%降至 2017 年的 52%。

根据 Mail.ru Group 的一项研究,老年人上网频率也保持在较高水平,71%的 55 岁以上的用户每天都要数次接入互联网,14—17 岁的青少年上网率为 79%。俄罗斯民众使用互联网的主要目的为通过社交网络交流(64%),约有 73%的受访者每天要在社交网络上花费超过 3 个小时,其中女性要比男性的使用频率更高。同时游戏(62%)、搜索信息(58%)、观看视频(56%)以及听音乐(55%)也是最常用的互联网功能。当代大部分俄罗斯民众乐于通过即时通信软件和社交网络与亲友保持联系,仅有约 12%的受访者否认这一点,同时受访者认为互联网上的实时交通信息(41%)和在线银行服务(31%)十分便捷。[②]

(二)注重公民数字素养水平提升

2021 年 4 月 9 日至 24 日举办的第三届全俄“数字听写大会”(Цифровой диктант)测试了不同年龄段的俄罗斯公民使用计算机和其他数字设备的技能,约有 100 万人参与了此次测试。测试共包括数字安全、数字消费、数字能力领域的知识评估。结果显示,参与者的数字素养水平为 6.9 分(满分为 10 分),与

① Владимир Емельяненко. ВЦИОМ: Более половины россиян пользуются и телевидением, и интернетом[EB/OL].(2022-10-06)[2023-03-17].https://rg.ru/2022/10/06/vciom-bolee-poloviny-rossiian-polzuiutsia-i-televideniem-i-internetom.html? ysclid=ltv5pjv3eo630215679.

② Исследование Mail.ru:современные пользователи рунета чаще всего смотрят видео[EB/OL].(2019-04-10)[2024-03-17].https://target.my.com/pro/news/research-mail-ru-group-russian-internet-users.

2020年相比下降了0.35分，数字能力和数字安全能力均有下降。其中，7—13岁和25—34岁年龄段的参与者显示出了较高的数字素养水平，分别为7.4分和7.3分；而14—17岁以及18—24岁的年轻人的数字素养水平则较低，分别为6.43分和6.72分。尽管7—14岁的儿童及青少年有着较好的数字安全意识，但在使用互联网、社交网络、在线商店和其他在线服务等数字能力方面，他们普遍表现出缺乏使用移动设备创建个人内容、进行网上购物、使用导航服务以及构建社交网络的能力，25—34岁的参与者在这一方面表现最佳。

(三)构建数字生态系统

俄罗斯是世界上为数不多的拥有自己的主权网络的国家，互联网也逐渐成为俄罗斯经济的中坚组成部分。2014年前，俄罗斯的互联网仍属于创新型市场，每年的经济增长率高达50%。2014—2015年，受经济危机影响，增长率有所下降。2016年后，俄罗斯的互联网则从危机中恢复并走向稳定，保持着持续的增长态势(见图5.2)。2021年，互联网市场经济大部分来自电子商务、数字内容、营销广告以及基础设施和通信四大细分市场。

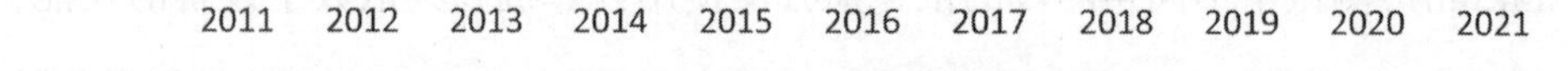

图5.2 2011—2021年俄罗斯互联网经济①

同时，为满足用户的个性化需求及企业自身的发展需要，俄罗斯多家大型互联网公司试图转型以建造完整的数字生态系统。数字生态系统取自生物学

① Кризисы, которые делают сильнее: как Рунет вырос в 2021 и что нас ждёт в 2022[EB/OL].(2012-05-18)[2024-03-17].https://raec.ru/live/branch/13123/.

术语“自然生态系统”，其特点是通过对系统内部的资源进行整合，使用户可以通过同一账号登录，使用同一系统下不同的互联网产品和服务，简而言之即“集所有服务于一个按钮之下”①。飞速发展的信息技术对俄罗斯民众日常生活的渗透也逐渐加深，当下的互联网用户不可避免地成为潜在的数字生态系统的发展对象。这一技术较为成熟的典例有苹果公司的 Apple ID 和 Google 及 Microsoft 的账户。俄罗斯目前有两大较为完善的数字生态系统：Яндекс 和 Сбербанк。

根据 Mediascope 对俄罗斯 12 岁以上人口的调查数据，2022 年上半年，俄罗斯境内访问量位居前五的互联网资源分别为 Яндекс、Google、Youtube、Whatsapp 和 VK（ВКонтакте）（见图 5.3）。在访问量前五名的互联网资源中，Яндекс 和 VK 为俄罗斯本土产品，每月覆盖人数分别占俄罗斯居民数量的 77% 和 66% 左右。

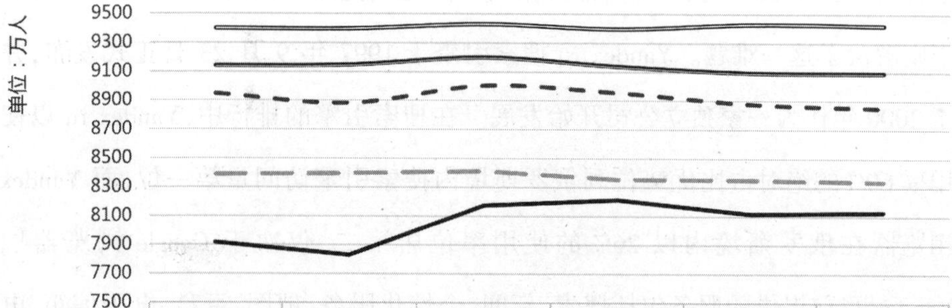

	1月	2月	3月	4月	5月	6月
Яндекс	9399.32	9397.19	9430.04	9396.79	9430.03	9421.71
Google	9142.52	9148.83	9201.2	9139.52	9096.62	9093.75
YouTube	8945.97	8881.91	9002.55	8954.12	8876.82	8848.36
WhatsApp	8388.73	8396.31	8410.95	8355.95	8352.23	8339.65
VK	7916.47	7829.36	8173.76	8215	8117.62	8130.58

图 5.3　2022 年上半年俄罗斯互联网资源月覆盖人数②

① В эпоху экосистем：как ИТ-гиганты превращаются в интерфейсы нашего быта[EB/OL]（2012-05-18）[2024-03-17].https：//hightech.fm/2020/09/21/digital_ecosystems.

② 数据来源：Mediascope，https：//mediascope.net/data/。

四、知名网络媒体及门户网站

(一) Yandex

Yandex(Яндекс)是俄罗斯重要的网络门户网站,它十分重视技术和创新,并将自己的技术优势用于服务本地消费者最关注的领域,同时也十分注重保护俄罗斯文化传统。

Yandex 旗下的 Yandex.ru 是世界上最大的俄语搜索引擎,也是继中国的百度之后全球第二大非英语搜索引擎。Yandex 的名称源于“yet another indexer”,其创始人阿卡迪·沃罗兹意在开发一个基于俄语自然语言的搜索引擎。由于俄语语法的特殊性,俄语单词常以变化的形式出现,用以表达词汇间的不同关系,而当时 Google 的技术却只能搜索到和关键词完全相同的内容,Yandex 的出现则解决了这一难题。Yandex.ru 搜索引擎于 1997 年 9 月 23 日正式发布,并于 2000 年作为一家独立公司开始发展。在搜索引擎的排行中,Yandex.ru 以使用率 60%的绝对占比优势位列俄罗斯境内搜索引擎访问量第一位,而 Yandex 浏览器在俄罗斯境内以 26%的使用率位居第二,仅次于 Google 浏览器[①]。Yandex 目前提供的服务包括搜索、新闻、个性化服务、地图、百科、电子信箱、电子商务、互联网广告等,已逐步建立起属于自己的大型数字生态系统。根据 Yandex 网络分析平台 Яндекс Метрика 的数据,2021 年全年,Yandex 的平均月活跃用户数量为 1.01 亿,其中移动设备的访问比例超过 60%。Yandex 旗下产品访问量稳居首位的为其搜索引擎,其次则是 Yandex 创建的基于机器学习技术的个性化推荐服务 Дзен。Дзен 可以根据用户的偏好、浏览历史、地理位置等向用户进行个性化推荐。Дзен 的月活跃用户数量超过 6000 万。此外,Yandex

---

① 数据来源:Yandex.Metrica。

的地图服务位居访问量第三位，月活跃用户数量达到4000万。[①]

（二）Сбербанк

俄罗斯联邦储蓄银行 Сбербанк 是俄罗斯最大的银行，也是一家金融集团。2011 年，Сбербанк 推出了移动应用程序 Сбербанк Онлайн，现在它是俄罗斯最受欢迎的银行应用程序，月活跃用户超过 7350 万。根据 AppAnnie 分析平台的数据，在世界金融应用程序中 Сбербанк 排名第四[②]。2017 年，Сбербанк 宣布转型，决定从银行业务出发搭建起 Сбербанк 数字生态系统，聚合更多的服务类型，试图向 Google、Яндекс 和阿里巴巴看齐。2020 年 9 月，Сбербанк 集团进行品牌重塑，宣布此后以"Сбер"名义开展业务[③]，目前已涉足医药、通信、教育、音乐、房屋租赁等多个领域。根据 Сбер 集团的官方文件，经过数字化和科技化转型，及至 2021 年末，Сбербанк 活跃个人用户已达 1.038 亿，净利润达 12460 亿卢布。金融业务仍旧是 Сбер 集团的主要收入来源，其非金融业务板块也呈现出飞速增长的趋势，2021 全年几乎所有非金融服务的收入都同比增长了两倍，利润达 1938 亿卢布。

（三）Mail.ru

Mail.ru 集团是俄罗斯的主要互联网公司，成立于 1998 年，最早以电子邮件服务起家，继而发展成为俄罗斯互联网一大巨头，拥有俄罗斯领先的电子邮件服务，并打造了综合性的通信娱乐平台，旗下主要有门户网站 Mail.ru、社交平台 VK（ВКонтакте，ВК）和 OK（Одноклассники）等。

---

① Проекты Яндекса в России[EB/OL].[2024-03-10].https://radar.yandex.ru/yandex.

② Ася Шалимова.Чистая прибыль Сбера за 2021 год составила 1 246 млрд руб. в соответствии с международными стандартами финансовой отчетности (МСФО)[EB/OL].(2022-03-02)[2024-03-17].https://press.sber.ru/publications/chistaia-pribyl-sbera-za-2021-god-sostavila-1-246-mlrd-rub-v-sootvetstvii-s-mezhdunarodnymi-standartami-finansovoi-otchetnosti-msfo.

③ Сбербанк представил новый логотип[EB/OL].(2020-09-24)[2024-03-17].https://ria.ru/20200924/sberbank-1577692177.html.

Mail.ru 集团 1998 年推出了邮件和门户网站 Mail.ru,2007 年进军社交媒体市场,2008 年开展游戏业务,2015 年进入 O2O 和电子商务市场。2021 年 10 月 12 日,Mail.ru 集团(Мэйл.ру Груп Лимитед)宣布更名为"VK 有限公司"(ВК Компани Лимитед)。据该公司负责人鲍里斯·多布罗杰耶夫(Борис Добродеев)介绍,社交平台 VK 是该集团最知名且最有前途的品牌,VK 这个名称比 Mail.ru 更为出名,因此公司将围绕该平台搭建 VK 数字生态系统,以此来进行品牌重塑。①

(四)Госуслуги

Госуслуги 全称为"Портал государственных и муниципальных услуг Российской Федерации"(俄罗斯联邦国家和市政服务门户网站),是俄罗斯联邦公共服务门户网站,隶属于俄罗斯联邦数字发展、通信与大众传媒部,主要为俄居民、法人、企业和外国人提供与各个州和市政机构沟通的渠道,该网站的建设是俄罗斯《信息社会(2011~2020 年)》国家规划的重要组成部分。网站需要实名注册,截至 2020 年 12 月 30 日,该网站的注册人次已达到 1.26 亿。

目前,俄罗斯自身的网络建设已经较为完善,可以在不依赖外部网络的条件下,提供网站浏览、信息搜索、运行银行系统、电子政务、移动支付、电子邮件收发、电子百科全书等各项网络服务。

① MAIL.RU GROUP LIMITED объявляет о смене бренда на VK[EB/OL](2021-10-12)[2024-03-17].https://vk.company/ru/press/releases/11016/.

第二节　社交媒体的勃兴

一、社交媒体的发展

俄罗斯社交网络发展始于2006年，这一年俄罗斯出现了OK和VK两个本土社交网站。目前在俄罗斯使用率最高的社交媒体是VK、OK、Facebook和Instagram等。

俄罗斯社交媒体的快速发展受多重因素共同影响和推动。从自然环境来看，俄罗斯横跨欧亚大陆，幅员辽阔，地形较为复杂，整体纬度较高，冬季漫长且寒冷，人与人之间的交流极为不便，社交网络的出现则大大改善了这一状况。从文化环境来看，21世纪以来，俄罗斯国民的受教育程度越来越高，经济条件逐渐改善，互联网越来越普及，社交网络的出现极大地满足了俄罗斯民众日益增长的物质、精神文化需要。此外，俄罗斯政府也十分重视互联网以及社交媒体的发展，普京总统就曾表示“互联网是解决重要国民经济问题、社会问题的工具，是政府与人民之间交流的有效途径，是提高生活质量和社会信息保障的工具”，“互联网的重要性和影响力不断增长，有必要将互联网作为国家发展和现代化的驱动力”。2011年时任总统梅德韦杰夫在Facebook和VK上开设账号，2012年在Instagram开设账号，并经常与民众进行互动，拉近了政府与人民之间的距离。

如今，社交媒体已成为俄罗斯大众交往必不可少的手段，人们不仅通过社交媒体获取信息，还参与各类政治、经济和社会活动。根据We are social发布的 2023 年全球数字报告[1],截至 2023 年 1 月,俄罗斯拥有 1.06 亿社交媒体用户,相当于总人口的 73.3%。总体来说,俄罗斯社交媒体的使用率较高,用户年龄段广泛,社交媒体功能较为多元。尽管俄罗斯境内存在 Facebook 等国际知名的社交媒体平台,但俄罗斯人更愿意使用本土软件。俄罗斯政府也始终在确保国家信息安全的情况下,致力于寻求公民自由和国家管控之间的平衡。就其发展历程来看,俄罗斯社交媒体的早期发展主要采取的是自由主义策略,但在其发展壮大并日趋稳定之后,国家则开始进入大众传媒领域并对其进行宏观管理,同时还赋予了其"信息战争中的武器"的重要定位,这也使得俄罗斯的大众传媒朝着国家主义的方向发展。[2]

二、主要社交媒体

(一) VK

"VK"(ВКонтакте)是俄罗斯最早的社交网站之一,2006 年由帕维尔·杜罗夫(Павел Дуров)创建,后该网站被出售给 Mail.ru 集团。迄今为止,VK 是俄罗斯最受欢迎的网站,注册人数超过 4.6 亿,资源支持 86 种语言,进入世界上最受欢迎社交网络的前 15 名。用户主要集中在俄罗斯及其周边的俄语国家,其中 82.16%的用户位于俄罗斯,3.46%的用户位于白俄罗斯,3.32%的用户位于乌克兰,2.24%的用户位于哈萨克斯坦。VK 的界面设计简洁,功能广泛,用户可以发布文案、照片和视频并进行点赞,收听音乐,还可以通过平台进行语音和视频通话。平台还会根据用户兴趣智能推荐主题社区、新闻头条等。此外,VK 包含短视频平台 Clips 以及内部支付系统 VK Pay,同时平台还提供业务推广服务。

尽管 VK 也被称为"俄版 Facebook",但 Facebook 在俄语地区的普及度远不

---

① KEMP S. Digital 2023:the Russian federation[EB/OL].(2023-02-13)[2023-12-19].https://datareportal.com/reports/digital-2023-russian-federation.

② 王丽华.俄罗斯社交媒体发展特点与启示[J].传媒,2018(13):48-49.

及 VK。相对于 Facebook 的定位,VK 的受众范围和层次更加广泛,在内容发布上也与时事热点紧密相关。此外,Facebook 用户热衷于经营个人主页,VK 用户则更偏好社群模式,对同一内容感兴趣的用户群体会创建小组进行讨论,这种社群模式与俄罗斯传统的集体主义观念也更为契合。此外,VK 更加符合俄罗斯人的习惯,界面设计简洁,篇幅短小精悍,发布形式以图片、视频、广播为主。2020 年对圣彼得堡国立经济大学的 246 位在校生进行的一次问卷调查[①]显示,大学生与 VK 建立起了长期、稳定的接触模式,是平台较为忠实的使用者,几乎所有的受访者都至少注册使用了 5 年时间,与此同时,大学生用户最常见的使用状态是每天上 VK 或一直在线。

VK 的创始人帕维尔·杜罗夫解释 ВКонтакте 的名称含义为"В полном контакте с информацией"(广泛获取信息)。2006 年 10 月,帕维尔·杜罗夫从圣彼得堡国立大学毕业后从 Facebook 的运作模式中得到启发,推出了 VK。VK 的用户最初仅仅局限于大学生群体,主要功能为联系同学。随着网站用户的迅速增长,网站迅速扩张,功能也开始扩展,2007 年,VK 的用户数量就达到 300 万,很快就超过了其竞争对手 OK。2009 年,VK 的月活跃用户已达到 800 万,业务范围也扩大到了游戏、礼物和广告等方面。2011 年,VK 推出了移动应用程序,并将域名从 vkontakte.ru 迁移到了 vk.com 。2017 年,VK 的月活跃用户已达到 8600 万,VK 上线了智能推荐、新闻栏、随拍、VK Live、转账和 VK Music 等功能。2019 年 VK 的月活跃用户达到 9700 万,同时推出了语音和视频通话功能、VK Pay、VK 小程序等。2022 年,VK 的月活跃用户已经达到 1 亿[②]。根据 Similarbeb 网站的统计数据,VK 的使用率远远领先于其他社交软件,居于俄罗斯社交媒体网络流量排名榜榜首,OK 和 WhatsApp 分别居于第二位和第三位。VK 在全球互联网中同样榜上有名,居于全球互联网流量的第 16 位,在俄罗斯域内的网络流量排名中则排名第四(前三名分别为 Yandex、YouTube 和 Google)[③]。

---

① YULIA S.俄罗斯大学生社交媒体使用特征:以 VKontakte 为例[J].青年记者,2020(12):96-97.

② Соединяем людей, сервисы и компании[EB/OL].[2024-03-17].https://vk.com/about.

③ Рейтинг[EB/OL].[2024-03-17].https://www.similarweb.com/zh/website/vk.com/#overview.

表 5.2 2006—2022 年 VK 平均月活跃用户数量及功能变化表①

时间	平均月活跃用户数量（单位：百万）	新增功能
2006—2007 年	3	音乐和视频平台
2008—2009 年	8	应用、游戏、礼物和广告平台
2010—2011 年	21	新闻动态栏、iOS 和 Android 官方应用
2012—2013 年	42	社区广告交易中心
2014—2015 年	66	表情、市场平台
2016—2017 年	86	智能推荐和新闻栏、随拍、VK Live、转账和 VK Music
2018—2019 年	97	语音和视频电话、VK Pay、VK 小程序、新隐私政策、移动应用再设计和二维码平台
2020—2022 年	100	无限制音视频通话、VK 视频、小视频、创作达人收益、VK 音乐、iPad 版应用、VK Protect 和 QUIC 加速器

可以说，目前 VK 拥有庞大的用户基础，已经成为一个完善的一体化、全覆盖社交平台。此外，作为俄罗斯社交网络的领头羊，VK 并没有将目光局限在使用俄语的独联体国家内，而是试图向广袤的全球市场发展。截至目前，VK 已支持包括英语、汉语在内的 86 种语言，同时也在为俄罗斯的国际交往提供平台。

Mail.ru 集团的实际掌控者阿利舍尔·乌斯马诺夫（Алишер Усманов）是近年来俄罗斯国内最有影响力的实业家和企业管理者之一，除 VK 外，乌斯马诺夫还收购了 OK 以及 Facebook 在俄罗斯的份额，俄罗斯境内使用率排名前三的社交媒体实际上都在其集团的掌控之下。

（二）OK

OK（Одноклассники，同班同学）创始于 2006 年，是俄罗斯及亚美尼亚、白俄罗斯、哈萨克斯坦、格鲁吉亚等国家最大的社交网络之一，隶属于 VK 控股公司，目前已支持俄语、英语、德语、乌克兰语等 16 种语言，每月有 4100 万俄罗斯

① История VK[EB/OL].[2024-03-17].https://vk.com/about.

人使用 OK。当下 OK 可以说是 VK 的直接竞争对手，但 OK 的用户平均年龄更大，并以莫斯科地区用户为主。除了基础消息、语音和视频通话功能外，OK 还提供视频、音乐、游戏等在线服务，用户还能够评价照片并向朋友发送礼物，此外，平台还有一种在线货币—— OK 币，支持向全球 18 个国家汇款。OK 是在线视频市场的领军者，也是俄罗斯首个视频内容单日浏览量破 10 亿的社交网络。OK 约有 500 名员工，拥有自己的开发、设计和测试团队。自 2015 年以来，OK 一直在积极推进电视频道和出版物的发展，在实时视频和无线电广播、广告推广和统计方面都具有独特优势。迄今为止，已有 600 多家媒体在 OK 开设了社区。

根据 OK 的官方统计数据①，截至 2020 年，OK 在俄罗斯拥有 4100 万用户，在白俄罗斯拥有 260 万用户，在哈萨克斯坦拥有 230 万用户，在乌兹别克斯坦拥有 190 万用户。OK 的用户普遍倾向于转移至移动端使用，2020 年仅使用移动端的用户为 64%，仅使用网页端的用户为 16%，到了 2021 年，二者的占比分别为 71%和 14%。从性别分布来看，OK 的女性用户数量要略多于男性用户，占 57%。而从年龄分布来看，OK 的核心用户年龄集中于 35—44 岁。

OK 移动软件的发展也十分迅猛，除了主软件外，OK 还开发了跨平台聊天软件 Мессенджер ТамТам 和 直播平台 OK Live。用户对直播的兴趣增长是一个重要趋势，截至 2020 年，共有 900 万用户参与了 OK 的直播。

表 5.3　OK 发展历程②

时间	重要事件
2006 年	3 月 26 日正式创建
2007 年	推出移动应用；引入用户审核；开通“访客”“评分”服务；开设里加办事处；注册用户达到 100 万
2008 年	推出虚拟礼物功能；推出乌克兰语版本网站；上线群组功能，注册用户达到 1000 万
2009 年	新增表情符号；上线时间轴功能；支持在照片中设置状态和标记朋友

① История и этапы развития соцсети Одноклассники[EB/OL].[2024-03-17].https://insideok.ru/info/.

② История и этапы развития соцсети Одноклассники[EB/OL].[2024-03-17].https://insideok.ru/info/.

续表

时间	重要事件
2010年	推出视频通话功能；被成功上市的 Mail.ru 集团并购；推出 iOS 应用；上线好友"节日"提醒功能；再次开放免费注册；上线跨平台分析功能；移动端推出游戏功能；团队成员超过 100 名；开设莫斯科办事处
2011年	可设置朋友的访问权限；新增召集朋友的"活动"服务；与 Mail.ru 站点集成合作，无须登录 OK 即可收发消息；更换新标志；上线音乐和视频功能
2012年	推出乌兹别克语版本网站；上线 39 个页面主题；推出网络电台；上线内部货币 OK 币；团队成员超过 200 名；推出个性化设计礼物功能
2013年	上映电影《OK：一点好运来》(《Одноклассники.ru：НаCLICKай удачу》)；视频版块推出在线影院功能；上线"延迟发布"服务；推出英语、塔吉克语和亚美尼亚语版本网站；入选全球十大社交网络；新增"投票"功能；推出群组"问卷"功能；日活跃用户达到 4000 万；元旦期间累计送出超过 4.2 亿份虚拟礼物
2014年	音、视频录制时长延长至 3 分钟；转移至新域名 ok.ru；上线新的 emoji 表情符号；提供视频内容订阅服务；个人主页中新增上传图片功能
2015年	日活跃用户达 4800 万、日均视频浏览量达 2.2 亿次；推出在线电视服务；支持绑定交通卡；更新贴纸；获评谷歌应用商店最佳免费应用
2016年	日活跃用户达 5100 万，日均视频浏览量达 3 亿次；上线用户转账功能；与 Instagram 集成；推出智能电视的 OK Video(OK Видео)应用；推出群组在线广播功能
2017年	月活跃用户达到 7100 万，日均视频浏览量 5 亿次；支持向其他国家转账；推出超高清 4K 在线流媒体；推出长篇阅读平台；引入电影、电视剧付费订阅；与 Yula(Юла)服务整合；推出标记"心情"功能
2018年	月活跃用户达到 7100 万，日均视频浏览量 7 亿次；上线内容创作者平台；上线公共服务付款功能；上线中国商品网上商城服务；上线："摘要"功能；重启呼叫平台；联合 MIR(МИР)电视台进行跨年广播；推出"最 OK 奖"；推出 OK 电子竞技挑战赛；转播韩国冬奥会
2019年	用户覆盖 44.7%的俄罗斯人口，日均视频浏览量达 8.7 亿次，日活跃用户增加 2.8%，移动日活跃用户增加 11%；单日纪录突破：2.4 亿个"课堂"、600 万个关系建立、10 亿个虚拟新年礼物；上线通过照片添加好友功能；音乐服务上线新的推荐系统；推出视频直播中好友人脸识别功能；推出小型企业广告推广服务；提供企业、组织的虚拟电话服务；OK Live 主播打赏功能；联合电视三台(ТВ-3)进行跨年广播；推出青年音乐家比赛 OK Live Bands
2020年	日均视频浏览量达 10 亿次，71%的用户仅从移动端登入、游戏版块日活用户增长 24.3%；单日纪录突破：1600 万用户使用"时刻"功能、530 亿虚拟礼物、10 亿视频浏览量；推出相册应用"时刻"；重新启动与俄罗斯全球速卖通(AliExpress Россия)联合推出的商品市场；中小企业推广预算翻倍；推出使用神经网络处理内容的平台 Robbie(Робби)；集成 VK 小程序；推出通过面部识别恢复个人资料服务；上线"图片马拉松"主题图片分享项目；上线用户个性创作贴纸；推出游戏开发者推广活动；更新音乐服务推荐算法

三、社交媒体与社会文化

（一）社交媒体与俄罗斯政治

社交媒体除了具有人际交流等常规功能外，还在国家政治生活中起着重要作用。社交媒体参与政治生活在西方诸多国家已很常见，通过社交媒体上个人和机构账号的活动来影响订阅用户，进而达到政治目的的行为被称为社交媒体营销（Social Media Marketing，SMM）。近年来俄罗斯也出现了类似的社交媒体营销活动。

俄罗斯中央和地方政治家最活跃的社交平台是 Telegram。2022 年俄罗斯国内热度最高的 30 个 Telegram 账号中包括莫斯科市市长索比亚宁、俄罗斯前总理梅德韦杰夫、车臣共和国总统卡德罗夫、克里米亚地方行政长官阿克肖诺夫等主要政治人物的个人账号。这些 Telegram 账号通常由专门的团队负责内容生产、投放和公关，但在重大活动等关键时刻（如竞选等）政治家本人也会亲自参与内容发布、与订阅用户互动等环节。互动形式也从最初的发布文件、转载官媒内容发展到投放有鲜明个人特色的内容、进行线上政治宣传活动等。

除政治家外，俄罗斯国内的各级权力机关、组织机构等也积极利用社交平台，俄罗斯国家服务平台、俄罗斯国防部、俄罗斯银行、俄罗斯国家杜马等机构在 Telegram 平台上都有认证账号，其中，俄罗斯国家服务平台 2022 年日均浏览量为 35.39 万人次。另外一些俄罗斯联邦行政机关则在 VK 平台上开设账号，如俄罗斯科教部、文化部、卫生部等。国家机关的社交媒体账号同样由相应团队负责运营维护，但政府部门负责人有时也会直接通过社交平台账号与民众互动，2022 年俄罗斯数字化部部长马克苏特·沙达耶夫（Максут Шадаев）就连续数月亲自通过社交媒体平台与 IT 领域行业协会和专业人士进行交流活动，解答 IT 领域发展的现实问题。

社交平台还以其他形式参与着俄罗斯国内的政治活动,如不同部门通过社交平台账号进行同平台甚至跨平台联动,共同开展政治宣传等活动,以达到吸引更多民众参与的目的。联邦和地方各级政府选举期间,政府部门嵌入电子投票系统,方便民众进行现场投票,此举在新冠疫情期间起到了非常好的作用。

社交媒体在俄罗斯国家政治生活中扮演着重要角色,且它的重要性正在逐步提升。得益于社交媒体平台和互联网先进技术,越来越多的民众,尤其是年轻人在国家政治生活中的参与度大幅提高,政治家和国家组织机关也能更加方便高效地开展活动。

(二)社交媒体与文化遗产保护

同政治生活一样,社交媒体在文化领域的作用也日益凸显,尤其是在文化遗产保护方面。俄罗斯是一个历史悠久的多民族国家,在一千多年的发展历程中留下了众多历史文化遗产。随着西方文化的涌入以及苏联解体等带来的一系列社会生活中的变化,建筑、语言、文字、民俗等历史文化遗产正在逐步走向濒临消失的境地,正因如此,近年来俄罗斯的历史文化遗产保护力度不断加大,社交媒体的快速发展和大范围普及为文化遗产保护工作提供了极大便利。

社交媒体参与文化遗产保护工作的最直接方式是联邦和地方文化遗产保护机构社交账号的活动。如俄罗斯联邦国家文化遗产保护局在 VK、OK、Telegram 等社交媒体平台上的认证账号,通过政策宣讲、活动宣传等方式,吸引更多社交媒体用户尤其是年轻人关注文化遗产保护工作。社交媒体账号与俄罗斯联邦国家文化遗产保护局官网形成协同效应。此外各联邦主体的文化遗产保护机构也通过社交媒体账号来宣推文化遗产保护工作。

社交媒体自身也积极参与文化遗产保护工作,利用自身的平台效应和广泛的用户群体,社交媒体平台与文化遗产保护组织、基金会等联合开展专题活动,借助平台优势大规模推送文化遗产保护宣传信息,此类活动收效比社交账号活动更为显著。2020 年,VK、OK 等俄罗斯国内社交媒体平台联合参与了莫斯科历史文化遗产保护青年论坛活动，在为期一周的时间内社交平台发布了一系列与古建筑保护以及城市面貌更新相关的活动。2023 年 4 月 OK 平台与“关注”基金会共同举办了历史文化遗产宣传月活动。上述两个活动均引发了强烈反响。

社交媒体参与历史文化遗产保护的另一种方式是借助平台优势加强文化宣传。VK、OK 等俄罗斯国内主流社交媒体平台通过推送与俄罗斯音乐、绘画、建筑、语言文字等文化遗产有关的内容来为负责相关领域宣传的账号及群组引流，还会不定期地与其他机构合作推出公益性活动，助力俄罗斯文化的宣传与推广。

第三节 俄罗斯网络信息安全

1995 年 1 月，俄罗斯国家杜马通过了《联邦信息、信息化和信息保护法》（《Федеральный закон об информации, информатизации и защите информации》），该法的颁布标志着俄罗斯网络安全领域逐步进入规范化管理的轨道。随后，该法经过多次修订与补充不断完善。

2000 年 9 月 9 日，俄罗斯总统签署法令通过了第一部《俄罗斯联邦信息安全学说》（《Доктрина информационной безопасности Российской Федерации》），指出俄罗斯信息政策对网络监管的必要性以及应把俄罗斯民族利益纳入其中，在俄罗斯网络中不能出现有悖俄罗斯政策、文化和价值观的言论。国家和政府应该承担这一责任，制定统一的能够反映社会整体利益和需求的法规和政策。2016 年底俄罗斯颁布了新版《俄罗斯联邦信息安全学说》①。新版学说是俄罗斯联邦国家安全领域的战略规划文件，也是制定国家信息安全

① Доктрина информационной безопасности Российской Федерации[EB/OL].(2016-12-15)[2023-12-19]. https://rg.ru/documents/2016/12/06/doktrina-infobezobasnost-site-dok.html? ysclid=liqy-wlz5xv132774600.

领域政策以及改革信息安全系统措施的基础,该文件将保护国家、社会和公民的利益放在首位,保护国家主权免受任何外部和内部威胁,确保俄罗斯联邦的信息安全。

2019 年 11 月 1 日《俄罗斯联邦网络主权法》(《Закон о суверенном интернете》)颁布后,12 月初俄罗斯进行了与外部"断网"测试的演习,俄罗斯政府在演习后宣称能在主动切断与全球互联网的连接之后,保障国家网络在基础设施方面仍然能够正常运行。从其实际效果来看,这种"简单、直接、迅速"的方法对及时杜绝来自国际网络的侵害与威胁是非常有效的。2022 年 4 月 8 日,《生意人报》称 Sberbank、Yandex 和 VK 正在竞争开发应用商店和支付方式以替代苹果应用商店 App Store 和 Google 应用商店及 Google Play。同时,俄罗斯数字发展部也在考虑推出俄罗斯本土的移动应用商店 。这一举措可看作俄罗斯近年来本土互联网生态系统建设的一大发展。

当前俄罗斯在信息安全领域面临着一系列严峻挑战,主要威胁包括:其他国家打击和破坏俄罗斯的网络信息基础设施,以达到军事和政治目的;其他国家的组织和个人频繁窃取俄罗斯国家机关、科研机构和企业的信息情报;信息网络领域的犯罪率不断上升;其他国家的组织和个人利用信息网络和心理手段破坏俄罗斯国内社会稳定、威胁俄罗斯国家主权和领土完整;国外极端主义和恐怖主义势力利用信息网络手段影响舆论,挑起社会紧张情绪。为了保护国家信息安全,应对上述威胁和挑战,俄罗斯联邦将网络安全的主要目标定为防范内部和外部信息威胁,维护个人、社会和国家利益,维护国内政治和社会稳定、维护国家主权和领土完整,并从多个层面入手完善军用和民用信息安全保障体系,建立健全信息网络威胁预警和评估制度,防范国内外势力利用信息网络手段渗透极端主义思想、扰乱社会秩序甚至挑起武装冲突。

目前,俄罗斯《关于信息、信息技术和信息保护》法对信息网络安全领域的各项事宜做出了明确规定,俄罗斯国内建立了"联邦—联邦主体—地区"多级网络信息安全保障体系,保障复杂国内外环境中的俄罗斯信息网络安全。

思考与练习

1.俄罗斯网络快速发展的因素有哪些？

2.社交媒体在俄罗斯社会生活中的作用有哪些？

3.俄罗斯从哪几方面入手对网络进行监管？

第六章　当代俄罗斯国际传播体系

关于国际传播的定义国内外学者给出了很多不同的阐述，本书采用国际关系学院董璐教授在《传播学核心理论与概念》一书中的表述，即国际传播是在民族、国家或其他国际行为主体之间进行的、由政治所规定的、跨文化的信息交流与沟通。国际传播可分为广义和狭义两种：广义的国际传播包括所有的国家与国家之间的外交往来行为，例如首脑互访、双边会谈、地区间峰会以及其他活动等，广义的国际传播属于政治学和外交学范畴；狭义的国际传播则是借助大众传媒开展的面向其他国家的传播活动，如发行外文报刊、利用国际广播电台和电视台向其他国家播送广播电视节目等。无论广义还是狭义，国际传播都包含两个部分：一个是由外向内的传播，即将其他国家的信息传达给本国受众；另一个是由内向外的传播，即将本国的信息传达给其他国家的受众。一国的国际传播关乎国家利益，是一个国家主动、有目的地与其他国家进行信息交流的过程，因此国际传播带有明显的政治倾向性和意识形态色彩。在世界多极化和全球化进程不断深入的今天，有效地开展国际传播对于维护国家利益、巩固国际地位、在国际舞台上争取话语权有着重要意义。为了尽可能达到好的传播效果，各国都在积极建设本国的国际传播体系。

第一节　俄罗斯国际传播体系的发展历史

早期的国际传播又被称为国际广播(международное вещание)或对外广播(иновещание),指的是对海外受众进行广播的过程,即国际传播中由内向外的过程。后来随着大众传媒的不断发展,国际广播概念的内涵也在逐步丰富,最终演变为国际传播。从1929年俄罗斯出现第一个国际广播节目起,在90多年的历史进程中俄罗斯逐步形成了自己的国际传播体系,这个过程大致可以分为三个阶段:从1929年到伟大卫国战争期间为第一阶段(1929—1945年);从伟大卫国战争之后到苏联解体前为第二阶段(1946—1991年);从苏联解体后至今为第三阶段(1992年至今)。

一、俄罗斯对外广播的起步与发展

俄罗斯的对外广播始于1929年,这时恰逢世界范围内对外广播发展的起步时期,世界上很多国家,尤其是欧洲国家在这一时期都开始进行对外广播。1926—1933年间,德国、法国、荷兰、波兰纷纷开始进行国际广播,受众也不局限于欧洲国家,还包括亚洲和非洲,在这样的背景下苏联也开启了自己的对外广播活动。1929年10月29日全苏工会中央理事会广播台推出了首档德语广播节目,这是苏联历史上第一档对外广播节目。同年11月7日"莫斯科广播"开始进行法语节目广播,1930年起外语广播节目开始进入常态化,每日播出。到1933年苏联的国际广播已经形成包括德语、法语、英语、西班牙语、意大利语、匈牙利语、瑞典语和捷克语8种语言的广播节目的庞大体系。第二次世界大战前夕苏联的对外广播语种增加到13种。

苏联政府高度重视对外广播事业,苏联中央广播下设专门的外语节目部负责对外广播事宜。在政府的支持下，苏联的对外广播在节目形式和内容等方面进行了积极探索，此时国内的广播新闻业还处在建设和完善阶段，对外广播也借鉴了国内广播的一些做法。例如，这一时期的苏联对外广播开始尝试现场实况转播，如苏联与土耳其的足球比赛现场直播、第聂伯河水电站现场直播、红场大规模活动现场直播等。同时，苏联对外广播还尝试用艺术类节目来吸引听众，1939 年苏联就曾尝试通过广播向德国听众播放阿·奥斯特洛夫斯基（A.H. Островский）的著名话剧《雪姑娘》。在苏联广播界的不懈努力下，伟大卫国战争前苏联已经逐步建立起以多语种播报、节目类型丰富、覆盖范围广泛为特点的对外广播体系。

伟大卫国战争爆发之后，苏联的对外广播开始面临新任务，这一时期对外广播的性质与战前有本质区别。从规模上看，战时苏联对外广播的规模比战前更大，1941 年 12 月苏联的对外广播语种增加到 21 种，日播放节目总时长为 53 小时；到战争结束的 1945 年，广播语种增加到 29 种，日播放总时长为 60 小时。从对外广播的功能上看，战前苏联对外广播的主要功能是传播信息、增进他国听众对苏联的了解、团结身在国外的苏联同胞等。从节目内容上看，伟大卫国战争时期的苏联对外广播主要播报苏联信息局发布的战报、前线的最新情况、苏联军民抗击法西斯的英勇事迹，在被纳粹德国占领地区宣扬反法西斯斗争思想。从节目特征上看，战时苏联对外广播节目的即时性更强，信息密度更大，同时还有针对性地推出了面向前线战士和游击队员的专题节目。从节目定位上看，这一时期苏联的对外广播除了保留较强的政治特征和意识形态色彩外，还针对不同国家采取不同的播出策略。例如，面对法西斯阵营国家时，苏联对外广播的主要目的是批判和打击法西斯主义；而面向反法西斯阵营国家时，对外广播的主要目的则是培养上述国家民众对苏联的好感，巩固和扩大反法西斯阵营势力。如在对英、美两国的广播中苏联选择了当时著名的作家、记者和战地通讯员来做播报，借助他们的个人知名度和号召力来影响英美两国听众。美国的 Blue Network 广播公司还在 1943 年专门引进了“莫斯科广播”的节目，这些节目在美国国内产生了巨大反响。

正如前面所言，战前苏联的对外广播主要集中在由内向外的传播，即苏联向其他国家发送外语广播节目。与之形成鲜明对比的是，同时期其他国家面向苏联的俄语广播数量较少，从 20 世纪 20 年代中期开始，一直到第二次世界大战结束，大多数欧美国家还没有开启面向苏联的俄语广播，法国和捷克则例外，包括巴黎短波电台、巴黎国际电台等在内的法国广播媒体以及捷克的布拉格广播在“二战”爆发之前定期播送面向苏联听众的俄语广播节目。甚至在战争期间，纳粹德国和英国等不同阵营的国家几乎没有面向苏联的对外广播，德国只是在战争期间用俄语转播了一些宣扬法西斯主义思想、打击布尔什维克的反动宣传类广播节目，而英国也只是在战争爆发时用俄语转播了时任英国首相丘吉尔支持苏联对德作战的讲话。这一时期国外对苏广播数量较少的一个重要原因是很多国家怀疑苏联听众没有办法听到自己的广播节目。1941—1945 年苏联政府规定禁止使用短波无线电接收设备，拥有上述设备的人需要将设备上交，正是这种严苛的制度阻碍了其他国家的俄语广播节目进入苏联。

总体而言，从 20 世纪 20 年代末到伟大卫国战争结束期间，苏联的对外广播以对外为主，借助本国的无线电技术设备优势用多种语言向其他国家（主要是欧洲国家）进行广播，这一时期苏联对外广播主要发挥传递信息、宣传鼓动等功能。经过十几年的发展，当时苏联的对外广播体系已经初具雏形。

二、冷战时期俄罗斯的国际传播

第二次世界大战结束后世界格局发生了改变，苏联政府在政策上也做出了相应调整：一方面禁止苏联民众收听外国（主要是美国和西欧国家）的俄语广播，另一方面加大本国对外广播的输出力度。该政策也为之后几十年苏联对外广播的发展定下了基调。

“二战”结束后，苏联形成了以“莫斯科广播”电台为代表的对外广播体系。

这一时期“莫斯科广播”的播报语种继续增加，广播节目的覆盖范围不断扩大。苏联对外广播有两大主要战略方向——美国和亚非拉国家。其中面向美国的对外广播是在美苏冷战不断扩张、愈演愈烈的背景下发展起来的。为了维护自身战略利益，苏联政府加大了面向美国的对外广播力度。20世纪50年代苏联借助在莫斯科的无线电发射设备向美国进行广播，随着符拉迪沃斯托克和马加丹地区开始部署无线电发射设备，苏联开始向美国的阿拉斯加州以及加拿大进行广播。1963年面向美国的新闻广播节目开始定期播出，在冷战时期，这些节目多以美苏关系相关问题为主要内容。20世纪70年代苏联推出了广播杂志《新闻与观点》，该节目成为当时最受欢迎的新闻评论类节目之一。苏联政府同样重视面向亚非拉国家的对外广播，亚非拉国家属于社会主义阵营的居多，因此苏联加大对上述国家的宣传力度，力求巩固和发展社会主义阵营，壮大自身力量。从20世纪50年代起苏联就开始播送面向非洲国家的英语和法语节目，从20世纪60年代起苏联又通过“莫斯科广播”以斯瓦希里语、豪萨语等十余种非洲当地语言播送广播节目。面向非洲的对外广播受到了当地听众的喜爱，也成为苏联借助对外广播扩大在社会主义阵营中影响力的成功范例。

冷战时期苏联对外广播在规模不断扩大的同时节目类型也变得更加丰富。伟大卫国战争时期苏联对外广播的主要功能是宣传，因此对外广播的节目也多为信息资讯类和政治评论类。随着美苏冷战的开始，苏联对外广播在内容上实行地区差异化政策，向不同国家输出的广播节目类型也开始有了区别：面向美国及其盟国的广播依然以信息类和政治类节目为主，因为对这些国家的对外广播是在意识形态对抗的背景下展开的，带有浓厚的政治色彩；面向亚非拉等社会主义阵营国家的对外广播目的在于提升这些国家对苏联的好感度，扩大苏联在上述国家的影响力，进而巩固和发展社会主义阵营，因此向亚非拉社会主义国家播出了更为丰富和多元化的广播节目，其内容包括介绍苏联取得的科技成果、报道苏联和世界其他国家发生的重大事件、宣传苏联的外交政策、介绍苏联和美国及其他西方国家的合作等。此外苏联还专门推出了面向亚非拉社会主义国家大学生、青少年及俄语学习者的节目。苏共二十五大期间“莫斯科广播”用英语和法语对外转播了大会开幕式和闭幕会议，并对时任苏共中央总书记勃列日涅夫（Л.И. Брежнев）的报告进行了同声传译。丰富的节目类型和节目内容使得这一时期苏联的对外广播，尤其是面向亚非拉社会主义国家的广播收到了良好的效果，提升了苏联在社会主义阵营中的影响力。

从20世纪80年代起，苏联对外广播的规模继续扩大，对外广播的语种增加到史无前例的75种，远超同时期的竞争对手“美国之音”广播电台（VOA）以及英国广播公司（BBC）。在规模扩大的同时苏联对外广播的结构更加精细化，从20世纪70年代末开始“莫斯科广播”的英语部更名为国际部并开始全天候播出，之后又相继划分出北美部、非洲部和英国-爱尔兰部，从1980年起又在古巴首都哈瓦那使用中波频率600千赫和1040千赫面向美国佛罗里达州以及加勒比海诸国进行广播。这些地区的对外广播在制作和播出过程中还邀请了当地专业人士参与，对节目呈现方式、语言风格等进行调整。20世纪80年代后期随着戈尔巴乔夫改革的进行，苏联的对外广播做出了一系列机构调整，广播内容的苏联意识形态成分开始逐渐淡化，对外广播内容中开始出现关于苏联改制转型的信息。至1991年苏联解体前，苏联利用几十年的时间搭建起了覆盖世界五大洲多个国家的对外广播体系，该体系是苏联对外广播领域的一笔宝贵遗产。

三、苏联解体后俄罗斯国际传播体系的发展

苏联解体后，原有的对外广播体系持续运行了一段时间，直至1993年才完全停止。此后俄罗斯开始逐步探索建设自己的国际传播体系。苏联时期的对外广播遗产为俄罗斯国际传播体系的建立奠定了良好的基础，也正因如此，广播仍旧是俄罗斯国际传播体系的重要组成部分。除了广播之外，电视也成为这一时期俄罗斯进行国际传播的重要手段，在俄罗斯国际传播体系中占据重要位

置。随着卫星通信技术和网络技术的发展,俄罗斯将传统的广播电视与卫星、网络等新技术相结合开展国际传播实践,搭建更加丰富和完整的国际传播体系。

"俄罗斯之声"是俄罗斯对外广播的主要平台。1993年12月22日,时任俄罗斯总统叶利钦发布总统令,决定成立"俄罗斯之声"国家广播公司。其前身是创立于1929年的"莫斯科广播",1996年1月12日划归俄罗斯联邦广播电视管理局直接管理。"俄罗斯之声"每天用38种语言向世界各国播放广播节目,日广播节目时长达151小时,听众总数超过1.09亿人,覆盖全球160多个国家,同时"俄罗斯之声"广播还是世界上最受欢迎的五大国际广播之一,其影响力仅次于英国广播公司和美国之音广播电台,位列第三。

"俄罗斯之声"广播的宗旨是让世界各国了解俄罗斯人民的生活,向世界传播俄罗斯对国际重大事件的观点和立场,与海外俄罗斯侨胞进行对话,在世界范围内推广俄罗斯语言文化。"俄罗斯之声"广播播出的节目总数达到340种,内容涉及俄罗斯国家和社会生活的诸多领域,可以满足不同国家、不同喜好听众的收听需求。"俄罗斯之声"播出的节目内容紧随俄罗斯政府和外交部的政策动向,在让世界各国听众了解俄罗斯社会生活的同时也向他们传达出俄罗斯政府的立场和观点,特别是俄罗斯政府对重大国际事件的态度。值得一提的是,"俄罗斯之声"电台还邀请苏联时期广播电视界的重要人物参与节目制作和播出,如苏联著名主持人、政论家瓦连京·左林(В.С. Зорин),他们在政治评论类节目中的高质量评论和分析起到了增强节目权威性和影响力的作用。

从1990年起"俄罗斯之声"电视台开始运营,用俄语和英语播出节目,成立至今该电视台已经播放了百余部文化、历史题材的电影。在网络普及之后,"俄罗斯之声"广播的节目开始转移到网络平台上播出,广播网络版有25种语言的节目,进一步扩大了"俄罗斯之声"广播的受众范围,提升了节目的影响力,"俄罗斯之声"广播逐渐发展成为俄罗斯国际传播领域的旗舰。2013年12月9日,根据俄罗斯总统普京《关于提高国有媒体效率的一些措施》的总统令,"俄罗斯之声"与俄罗斯新闻社进行机构合并，改组为"今日俄罗斯"国际通讯社。2014年4月，"俄罗斯之声"终止了短波广播，并于11月改为"俄罗斯卫星广播电台"。

电视是苏联解体后俄罗斯开展国际传播的另一个重要手段。解体前苏联的电视节目主要针对国内观众，解体之后俄罗斯电视业除了要满足国内观众的观看需求，还承担了国际传播任务。最初开展国际传播的俄罗斯电视公司是"全俄国家电视广播公司"。该公司成立于1990年，最初播出面向苏联各加盟国观众的电视节目，苏联解体后的最初几年该公司旗下的各电视频道主要运营国内电视转播业务。2002年7月1日公司旗下成立了RTR-环球频道，该频道主要面向欧洲受众，其节目主要来自"全俄国家电视广播公司"旗下的"俄罗斯-1"和"俄罗斯-K"频道，在后来的发展中还分化出面向独联体国家、美国和亚太地区国家的电视频道。虽然电视节目的覆盖范围没有"俄罗斯之声"广播那么广，影响也较为有限，但节目信息量大、内容丰富、形式多样的优势还是让RTR-环球频道在目标区域拥有了一定数量的稳定受众群体。

卫星技术和计算机网络技术是这一时期俄罗斯国际传播领域最具代表性的两项新兴技术。"俄罗斯之声"广播不仅与本土的"太空通信"合作，还与英国的世界广播网络公司合作，使用了英国的Hotbird 13卫星来转播节目。与英国公司的合作不仅让"俄罗斯之声"的节目可以在英国世界广播网络公司的频道上进行播出，还可以用卫星技术将相应的节目转播给北美、非洲、亚洲、澳大利亚、德国等地的目标听众，极大地扩大了俄罗斯广播的覆盖范围。网络技术的应用则更为广泛，无论是"俄罗斯之声"广播还是"全俄国家电视广播公司"旗下的各频道都相继创建了自己的网站，听众和观众不仅可以在网站上了解到广播公司和电视台的情况介绍、广播和电视节目的相关信息，还可以收听多语种在线广播，观看在线电视节目。网络技术的发展克服了传统广播和电视节目对时间的限制，让受众可以随时随地收看和收听自己喜欢的节目，为俄罗斯各国际传播平台吸引了更多的受众。

纵观俄罗斯国际传播的发展历史我们发现，俄罗斯的国际传播从以意识形态输出为主要目的到让世界各国受众全面客观地了解俄罗斯，从以广播为唯一传播手段到广播、电视、网络等多渠道并行发展，从单纯对外输出内容到重视国际合作、双向传播，经历了漫长的发展过程，且其中的每一个发展阶段都与当时相应的国内外环境以及国家利益诉求紧密相关。

第二节 新时期俄罗斯国际传播体系及其特征

从俄罗斯国际传播体系的发展历史中不难看出，每一个时期国际传播的发展趋势以及国际传播体系呈现的特点都与这一时期的国内外环境紧密相关，无论在伟大卫国战争前、冷战时期还是苏联解体后都是如此。进入 21 世纪，俄罗斯国内环境呈现出与苏联解体之初不同的特点，这一时期的国际环境也发生了深刻变化，国内外环境的变化为新的俄罗斯国际传播体系的诞生创造了条件。

一、新时期俄罗斯国际传播体系的形成背景

2000 年 3 月普京就任俄罗斯第二任总统，任职初期他就曾发表题为《千年之交的俄罗斯》的文章，强调要基于“俄罗斯思想”走富国强民的道路，同时他还强调“俄罗斯思想”的基础是爱国主义、强国意识、国家主义和社会团结，主张通过加强国家的作用来维护稳定、促进发展。在对民主的理解上，普京指出：真正的民主要兼顾社会所有群体的利益，特别是在信息时代，要让民众有更多通过各种渠道参政议政的机会。普京在上任初期的这些思想在 2006 年被写进其所在的“统一俄罗斯党”的纲领性文件《我们选择的俄罗斯》中。这些思想反映出刚刚就任总统的普京与前任总统叶利钦不同的执政理念，普京放弃了叶利钦全盘西化的执政方针，决定回归俄罗斯传统，走属于自己的发展道路。执政理念

的变化带来了国家治理方式的改变，普京在政治方面开始强化国家和政府在国内治理中的作用，对所谓的西方式民主的管控力度也开始加大。普京尤其重视公职队伍的廉政建设，严厉打击公职人员贪污受贿。经过一系列综合性改革，俄罗斯国内社会环境逐渐趋于稳定。2012 年再次出任总统后，普京尤其重视国家安全、信息安全等关乎国家利益的重点领域，以确保俄罗斯在复杂的国际环境中维持国内稳定，促进经济发展。

普京上台之后推行了一系列经济改革措施，包括降低税率、增加养老金等，同时继续依靠俄罗斯传统优势产业来提振经济。这些经济领域的措施帮助俄罗斯逐渐摆脱了苏联解体后休克疗法的阵痛，俄罗斯经济逐渐找回了发展的动力，并开始以相对较快的速度增长。不过好景不长，随着乌克兰危机的爆发，西方开始通过打压国际油价、对俄罗斯实施各类制裁等方式遏制俄罗斯，俄罗斯经济也因此陷入长期低谷，俄乌冲突爆发后这种情况愈发严重。尽管普京努力采取各项措施提振经济，但效果并不明显，俄罗斯经济发展依旧举步维艰。2020 年新冠疫情的暴发更是让本就处境艰难的俄罗斯经济雪上加霜。

在维护社会稳定、促进经济发展的基础上，普京还大力发展与其他国家和国际组织的关系，力图恢复俄罗斯世界大国的地位，并且在这方面取得了一定的成功。普京当政后，俄罗斯成为八国集团成员，并于 2006 年担任八国集团主席国。2012 年俄罗斯加入世界贸易组织，为本国经济发展注入了新的动力。在俄罗斯的倡导下欧亚经济联盟这一主要覆盖独联体国家的合作机制建立起来，同时俄罗斯在金砖五国、上合组织等区域合作机制中也发挥着重要作用。另一方面，俄罗斯与周边国家以及世界主要国家的关系也面临着严重问题。因为克里米亚事件，俄乌两国关系急剧恶化，之后甚至爆发了武装冲突。此外俄罗斯和格鲁吉亚也曾因为南奥塞梯问题爆发冲突，这也导致俄格关系趋于紧张。与周边国家的紧张局势也影响到了俄罗斯与其他世界大国间的关系，乌克兰危机爆发之后，以美国为首的西方国家通过打压国际油价、对俄实施制裁等手段打压俄罗斯，俄乌武装冲突爆发之后西方对俄的制裁力度进一步加大，俄罗斯与美国及其盟国的关系也面临着前所未有的挑战。

这一时期的国际环境也发生了深刻的变化。苏联解体宣告了美苏两大超级大国对立的局面不复存在,世界多极化和经济全球化趋势不断加强,区域内和区域间的合作机制大量涌现,国家间的相互联系变得更加紧密,一国经济发展对其他国家乃至全球环境的依赖逐渐加强。科学技术的快速发展,尤其是航天领域的开发和网络技术、移动通信等新技术的广泛应用为人际交流和国际交流提供了极大的便利,这也直接促进了诸多领域国际交流的快速发展。新时期的国际环境为各国的发展提供了新的机遇。

与此同时,这一时期的国际环境中也暗藏着诸多问题和挑战。以美国为首的西方国家霸权主义和强权政治的影响并未随着世界多极化进程的加快而减弱,部分欠发达国家还因西方的霸权主义侵略政策而被卷入武装冲突,人民生活受到严重影响。在经济全球化趋势下,以美国为首的西方国家仍在推行贸易保护主义政策,并且试图通过经济手段制裁和打压其他国家,限制其他新兴国家的发展。世界经济的快速发展带来了严重的生态环境问题,全球变暖、能源枯竭、生态环境恶化等问题日趋严重,世界各国因节能减排等问题而展开博弈。全球范围内的国家矛盾和民族矛盾仍时有出现,有些地方甚至演变成了武装冲突,给当地人民带来了极大灾难。2020 年新冠疫情席卷全球,疫情肆虐使全球经济遭受重创,世界各国人民的身体健康和人身安全也面临着重大挑战。总体而言,新时期国际环境的特征是复杂多变、机遇和挑战并存,国家间联系日益紧密,国家间的依赖性不断增强。

二、新时期俄罗斯国际传播体系的构成及特征

为了适应新时期国内外环境发生的一系列深刻变化,俄罗斯的国际传播体系也做出相应的调整。新时期俄罗斯搭建国际传播体系主要是为了实现以下几个目标:一是向世界展示俄罗斯民族的思想和文化;二是传播俄罗斯对重大

国际事件以及热点问题的观点和立场；三是增进俄罗斯与目标地区的相互理解，促进关系发展。另一方面，普京的执政思想赋予了新时期俄罗斯国际传播体系的新特点，即在新的国际形势下提升对外传播能力，争夺国际话语权，塑造良好的俄罗斯国家形象。为了完成新时代的新任务，俄罗斯开始大规模建设新时期的国际传播体系，经过十多年的不懈努力，目前已形成以广播电视为主要依托，以国际通讯社为核心阵地，多平台、多渠道的全媒体信息平台，覆盖世界众多国家和地区的国际传播网络。

目前俄罗斯的对外传播平台主要集中在“今日俄罗斯”国际媒体集团，该集团旗下汇聚了“今日俄罗斯”通讯社，俄罗斯新闻社，卫星社和卫星广播，经济和信息分析机构 Prime，摘录和翻译国外主流媒体重要信息的网站 Inosmi，纪录片频道 Tok，致力于动物保护的在线媒体 Kot，专门报道拉脱维亚、立陶宛和爱沙尼亚的社会政治局势频道 BaltNews，专业报道乌克兰局势的频道 Ukraine.ru，报道教育、卫生、文化和儿童领域社会问题的 Social Navigator 和报道北极问题的在线网站 Arctic.ru。其中在对外传播领域影响力最大的是“今日俄罗斯”通讯社、卫星社和卫星广播，此外还有“今日俄罗斯”电视台。

（一）“今日俄罗斯”通讯社

俄罗斯国际传播体系中规模最大、业务范围更广、影响力更强的国际通讯社当属“今日俄罗斯”通讯社（МИА “Россия Сегодня”）。“今日俄罗斯”通讯社于 2013 年 12 月 9 日成立，时任俄罗斯总统普京颁布法令，撤销原俄罗斯新闻社，在此基础上成立“今日俄罗斯”通讯社。“今日俄罗斯”通讯社是俄罗斯国有的综合性通讯社，业务覆盖俄罗斯和其他国家，通讯社业务涉及广播、五条新闻专线（英语、西班牙语、阿拉伯语、汉语、波斯语）、数十种语言的信息门户、多个国际多媒体新闻中心、图片及图片新闻服务、社交网络和移动终端新闻等。“今日俄罗斯”通讯社旗下有多家新闻社、广播电台等机构，上面提到的卫星社便是“今日俄罗斯”通讯社旗下的机构，主要负责“今日俄罗斯”通讯社的海外业务。2018 年,在符拉迪沃斯托克举行的东方经济论坛上,“今日俄罗斯”通讯社与中央广播电视总台签订合作协议,之后两家单位共同推出了面向中国用户的“中俄头条”项目,该项目吸引了《俄罗斯报》等俄罗斯权威媒体加入,“中俄头条”在我国引起了巨大反响,其微信公众号、视频号、官方微博都吸引了大量关注者。

此外,俄罗斯的大部分主流媒体网站拥有多语言版,可以满足不同国家受众对信息的需求;各媒体在国际主流社交平台(Youtube、Instagram、Facebook、Twitter 等)上的账号也是进行国际传播的重要手段。随着移动互联网技术的发展,各媒体也通过移动互联网应用、短视频平台等新媒体平台为海外受众提供内容。

(二)“今日俄罗斯”电视台

在电视领域,除了“全俄国家电视广播公司”旗下的三个面向海外播出的频道外,新时期俄罗斯最重要的对外电视传播平台是“今日俄罗斯”电视台(RT)。“今日俄罗斯”电视台于 2005 年开播,是一家俄罗斯国有电视台。“今日俄罗斯”电视台主要以英语、西班牙语、阿拉伯语、法语、德语、塞尔维亚语和俄语播出电视节目,目前下辖 7 个频道,目标地区涉及美国、英国、德国、法国、澳大利亚等国家和地区。电视台的节目类型丰富多样,其中新闻资讯、政治脱口秀、经济和金融分析三类节目的占比最大,此外电视台还专门开设了一个纪录片频道。“今日俄罗斯”电视台主编玛格丽塔·西蒙尼扬表示:“RT 代表的是俄罗斯的世界观。我们不想改变 BBC、CNN、Euronews 等电视台的专业模式。我们希望反映俄罗斯对世界的看法,也使俄罗斯在世界各国眼中变得更清晰……外国媒体并不总是充分反映俄罗斯正在发生的事件。研究表明,外国人在使用‘俄罗斯’一词时首先想到的是‘共产主义’‘雪’和‘贫困’。我们想展示一个更多样化的国家生活的画面……我们将努力向世界展示真正的俄罗斯。”[①]“今日俄罗斯”电视台曾因报道伊拉克摩苏尔市的人道主义危机、关塔那摩湾囚犯绝食抗议、占领华尔街抗议活动等新闻而获得国际新闻与时事艾美奖提名。“今日俄罗斯”电视台还凭借其 VR 项目“奥斯威辛的教训”入围了新闻和纪录片艾美奖,该项目旨在纪念苏联军队解放奥斯威辛–比克瑙集中营 75 周年。RT America 的《繁荣与萧条》财经节目入围了 2020 年日间艾美奖真人秀杰出主题和平面设计决赛,普利策奖得主、《与克里斯·赫奇斯联系》的主持人克里斯·赫奇斯在 2017 年首次获得 RT America 日间艾美奖提名,成为杰出信息脱口秀主持人。“今日俄罗斯”电视台还凭借其纪录片和新闻节目获得了纽约电影节的数十枚奖牌,并多次获得国际奖项和媒体组织的认可,包括蒙特卡洛电视节奖、戛纳雄狮奖、韦比奖、洛维斯奖、肖特奖、国际广播协会奖,以及亚太广播联盟大奖等。多年来,今日俄罗斯电视台一直与国际媒体和知名人士合作,包括广播界传奇人物拉里·金、维基解密创始人朱利安·阿桑奇、普利策奖得主和艾美奖提名记者克里斯·赫奇斯、“最危险的金融专家”马克斯·凯泽、苏格兰前第一部长亚历克斯·萨蒙德、厄瓜多尔前总统拉斐尔·科雷亚、传奇足球教练何塞·穆里尼奥、美国顶级新闻人物里克·桑切斯和法国媒体偶像弗雷德里克·塔德伊等。2016 年,“今日俄罗斯”电视台在太空拍摄了有史以来第一个 360 度全景地球视频,并于 2017 年与 Roscosmos State Corporation 和 Energia Rocket and Space Corporation 合作,第一次向世界展示了在开放空间拍摄的太空全景视频。2013 年,“今日俄罗斯”电视台成为第一家在 YouTube 上浏览量超过 10 亿的新闻网络媒体;2020 年,“今日俄罗斯”电视台在 YouTube 上浏览量达到 100 亿;截至 2022 年 3 月,“今日俄罗斯”电视台的浏览量已超过 170 亿,订阅人数超过 3000 万。

“今日俄罗斯”电视台是俄罗斯第一个实现全数字化的国际新闻频道,它利

① В России создан пропагандистский телеканал для иностранцев[EB/OL].(2005-06-07)[2024-03-17].https://lenta.ru/news/2005/06/07/channel/.

用卫星电视、有线电视、网络电视等多种渠道播放电视节目,同时还充分利用网站、移动终端、社交平台等新兴媒体资源发布内容,逐步形成了以电视节目为核心,多渠道、多平台融合发展的国际传播平台。

(三)俄罗斯卫星广播台

广播和电视是俄罗斯媒体的传统优势领域,在建设新时期俄罗斯国际传播体系的过程中广播和电视也发挥了重要作用。在苏联时期和苏联解体后最初几年为俄罗斯对外广播做出卓越贡献的“俄罗斯之声”广播逐渐无法适应新时期国际传播的新要求,其业务范围也逐渐缩小,截至2014年“俄罗斯之声”广播的短波波段广播已完全停止,对外广播仅靠国内的三个中波波段发射器支撑。取而代之的是俄罗斯卫星广播台(Sputnik)。卫星广播台隶属于俄罗斯卫星通讯社,成立于2014年。卫星广播台是“俄罗斯之声”广播的继承者,是在前者的基础上发展而来的。卫星广播台依托卫星通讯社在美国华盛顿、英国伦敦和爱丁堡等地的分支机构,利用调频广播、数字广播、卫星广播、网络广播和移动终端广播等多种形式播出节目,广播节目主要面向美国、英国、法国等西方国家,播报语言为英语和法语。卫星广播台播出的节目以信息资讯类和政治评论类为主,广播节目多由对象国主持人担任,且经常邀请政界和媒体界名流参与节目。

(四)俄罗斯卫星通讯社

俄罗斯卫星通讯社(Sputnik,以下简称“卫星社”)成立于2014年,其前身是苏联时期的莫斯科广播以及苏联解体之后的“俄罗斯之声”广播。卫星社总部设在莫斯科,此外还在华盛顿、伦敦、爱丁堡、柏林、北京、蒙得维的亚、比什凯克、明斯克等地设有分支机构。卫星社除了延续并发展了原“俄罗斯之声”广播业务,还开通了英语、西班牙语、阿拉伯语、汉语和波斯语五条新闻专线,用于报道世界范围内的重大新闻以及向世界介绍俄罗斯。在网络资讯方面,卫星社提供包含30多种语言的网络资讯服务，满足世界各地人民对信息资讯的需求。卫星社还推出了一系列专门项目用于扩大其国际传播版图，提升国际传播影响力。Sputnik.Polls是卫星社于2015年推出的以对欧美受众进行民意调查为主要任务的专门板块，调查内容涉及政治生活和国际关系等议题，调查数据以通讯稿的形式发布在卫星社网站上，Sputnik.Polls的民调结果经常被其他新闻社引用。SputnikPro是为专业记者、新闻系学生以及其他媒体从业者提供的经验交流平台，媒体从业者们可以在这个平台上与海外同行们交流经验，此外该平台还会举办大师班等相关培训活动，目前SputnikPro已吸引80多个国家的媒体从业者。Sputnik.Images是卫星社开发的面向订阅用户的图片库，库存图片量超过200万张，包括以往的新闻档案图片以及每天更新的最新图片。卫星社还充分利用互联网资源和社交媒体提高自身影响力，各语言官网的月浏览量超过6400万人次，卫星社中文官方微博的关注者超过1000万。卫星社在近十年的发展历程中向欧洲、北美、亚洲等地输出了大量新闻和信息内容，增进了世界各国人民对俄罗斯的了解，为新时期俄罗斯国际传播体系的建立做出了重要贡献。

新时期俄罗斯国际传播体系充分利用了全平台、全媒体、多渠道、宽场域的优势，向其他国家的受众提供了更加真实而丰富的内容，因此同之前几个时期相比，新时期俄罗斯的国际传播吸引了更多受众的关注，传播效果有所增强，影响日益扩大。

第三节　新时期俄罗斯的国际传播策略

——以“今日俄罗斯”电视台为例

新时期的俄罗斯身处错综复杂的国内外环境，面对西方舆论的指责和打压，亟须在西方主导的国际话语体系中实现破局，争夺话语权。“今日俄罗斯”

电视台作为新时期俄罗斯国际传播体系的重要支点，能够在不到 10 年的时间内将影响范围扩大到全球 100 多个国家，受众规模达到约 7 亿人，依靠的就是精准高效的国际传播策略。

一、有力的资金和政策支持

“今日俄罗斯”电视台在创立之初就受到了俄罗斯政府高层，尤其是普京总统本人的高度关注。2013 年普京参观了“今日俄罗斯”电视台的新工作室，会见了该频道的管理层和记者，并表示：2005 年在建立“今日俄罗斯”电视台时就打算将其作为国际舞台上的一个强有力的竞争者，它不仅要提供关于俄罗斯的公正的报道，更要尝试打破盎格鲁-撒克逊对全球信息流的垄断。[①] 由此可见俄罗斯政府主导成立“今日俄罗斯”电视台的目的非常明确：打破西方的舆论垄断，在世界上展示真实的俄罗斯，积极构建俄罗斯国家形象。普京还强调，政府将对“今日俄罗斯”电视台给予大力支持，电视台也将在全世界范围内阐述俄罗斯政府的官方立场。“今日俄罗斯”电视台成立的启动资金是由俄罗斯联邦新闻出版和大众传媒署提供的俄罗斯联邦预算。电视台成立之后便积极在海外拓展业务，俄罗斯政府给予电视台的资金支持力度也逐年加大。2007 年俄罗斯联邦预算对“今日俄罗斯”电视台的拨款约合 800 万美元。2008 年俄罗斯经济在全球金融危机中遭遇重创，但即便如此联邦政府对电视台的财政支持力度不降反升，当年预算总额超过了 1 亿美元。2013 年在俄罗斯政府各部门预算大幅缩减的背景下，俄罗斯媒体的财政支持力度也相应减小，政府对诸如俄新社、塔斯社、“俄罗斯之声”广播等媒体的财政支持缩减了 11%—40%，即便是在这种情况下俄罗斯政府依然明确规定不得削减对“今日俄罗斯”电视台的财政支持。2015 年俄罗斯政府对“今日俄罗斯”电视台的财政支持规模达到了 5 亿美元，

---

① Посещение телеканала Russia Today[EB/OL].(2023-06-11)[2024-03-17].http://www.kremlin.ru/events/president/news/18319。

这足以说明俄罗斯政府对国际传播的重视。2020年新冠疫情暴发后，俄罗斯经济在西方制裁和疫情影响的双重打击下举步维艰，在如此艰难的条件下俄罗斯政府依然尽最大努力为“今日俄罗斯”电视台的发展提供财政保障，2021年财政预算拨款约3.47亿美元，并且计划未来几年继续稳步增加对“今日俄罗斯”电视台的财政支持额度。

此外，俄罗斯政府在政策上也给予了“今日俄罗斯”电视台足够的支持。首先是战略层面。“今日俄罗斯”电视台属于俄罗斯联邦总统顾问代表管理序列，同时属于俄罗斯联邦财政优先保障项目，其发展战略也是由总统普京亲自参与制定的。战略层面的政策支持保障了“今日俄罗斯”电视台的发展最大限度地贴合俄罗斯国家发展战略。其次是资源层面。由于“今日俄罗斯”电视台在新时代俄罗斯国际传播体系中占据着独特的战略地位，它所拥有的资源也是俄罗斯其他媒体无法企及的。每当俄罗斯国内外发生重大事件，或者报道内容涉及俄罗斯的国家核心利益时，包括俄罗斯总统、俄罗斯外交部部长及外交部其他高官在内的政府高官都会前往该电视台录制节目或接受电视台的采访。“今日俄罗斯”还和外交部保持密切联系，因此可以在发生重大事件的第一时间了解到俄罗斯外交部的观点和立场，从而在国际传播中保持与俄罗斯外交部口径一致。另外在管理层面，政府也给予了“今日俄罗斯”电视台充分的自由和自主权，除了主要负责人由联邦政府任命之外，电视台对日常运营中的各项工作均可以自主决定。正如普京总统所言，政府对“今日俄罗斯”电视台发展所做的贡献在于为其提供更多的可能性，不发号施令，不对日常运营管理做过多干涉。在政府的大力支持和相对宽松的管理之下，“今日俄罗斯”电视台从创办之初就坚持以满足受众的市场需求为原则，在资源配置、管理体制等各方面都为电视台的快速发展服务。经过多年努力，“今日俄罗斯”电视台形成了一套自由灵活的运营管理体制，为进一步开拓海外市场、提升国际传播效果和国际影响力提供了体制和机制保障。

二、差异化、特色化的采编播策略

高质量内容是媒体生存和发展的核心和根本,对于服务俄罗斯国家战略布局、支撑新时期俄罗斯国际传播体系的“今日俄罗斯”电视台而言更是如此。作为俄罗斯对外传播平台,“今日俄罗斯”电视台对内容的要求和标准有别于其他俄罗斯国内媒体。由于受众来自不同国家和地区,受众的民族归属、文化背景、政治立场等千差万别,因此要保证内容质量,就必须从观众的兴趣和需求出发,生产观众真正想看、爱看的内容。为了做好这一点,“今日俄罗斯”电视台在采编播全流程中都坚决贯彻执行差异化、特色化策略。

在新闻报道中“今日俄罗斯”电视台始终坚持自采原则和专业化操作。电视台在创建之初就将快速、准确、专业地报道全球范围内发生的有重大影响力的新闻事件作为发展的根本。在新闻素材采集方面,电视台依托遍布世界主要地区的海外记者站网络,在重大新闻事件发生的第一时间获取一手的专业化新闻素材,而非使用其他媒体新闻素材的翻译稿,避免新闻素材的同质化,减少有效信息丢失。坚持自采原则的另一个优势是便于提出差异化观点。“今日俄罗斯”电视台的使命之一就是在国际舞台上为俄罗斯发声,表达俄罗斯政府对国内外重大新闻事件及热点问题的态度,因此“今日俄罗斯”电视台播出的内容要传达出不同于西方媒体的观点。电视台坚持“多一些质疑”的新闻宗旨,但这里的质疑并不是西方惯用的怀疑一切的价值观,恰恰相反,“今日俄罗斯”电视台坚持从新闻事件入手,利用第一手新闻素材对重大和热点新闻事件进行深度还原和全方位呈现,并且尽力避免在新闻报道中引入过多西方与俄罗斯意识形态对立的内容,因此“今日俄罗斯”电视台在报道新闻事件时往往会从不同侧面,多角度呈现事件全貌,与西方媒体相比内容更全面,观点更深刻,这也是该电视台在海外广受欢迎的重要原因之一。正如电视台总编辑玛格丽塔·西蒙尼扬所说:“俄罗斯是世界大国之一,她的声音理应被听到。我们希望每一个愿意听到俄罗斯声音的人都能获得一手信息,而不是被国外其他媒体解读过的信息。”

为了实现精准传播,提升传播效果,“今日俄罗斯”电视台从不同受众的需求入手,努力打造差异化和特色化内容。采编制作人员中包括大量当地员工,他们对当地文化传统以及受众兴趣和需求更加了解,便于生产出当地受众喜欢和更易被接受的新闻内容。在报道新闻事件时,“今日俄罗斯”电视台往往采用和西方媒体不同的视角和风格,这也让习惯了西方媒体报道的受众在看到“今日俄罗斯”的新闻内容时有耳目一新的感觉。“今日俄罗斯”电视台努力提供符合不同国家地区受众的差异化、特色化内容,从而获得更多关注。这种精准传播的策略也进一步提升了电视台的国际影响力。

“今日俄罗斯”电视台的差异化、特色化传播策略还体现在报道内容的选择、处理以及呈现方式上。作为俄罗斯政府出资支持的国际传播平台,“今日俄罗斯”电视台并没有像西方同类媒体那样只做政府的传声筒,而是在报道内容的选择、处理和呈现等各方面严格把关,在维护俄罗斯国家利益的同时兼顾传播效果。在报道内容的选择上,“今日俄罗斯”电视台采用多样化的选题策略,既兼顾国内外重大热点新闻事件,又不忘涉及发展中国家、各类弱势群体的相关内容,以及生态环境、就业、民生、宗教等西方受众较为关心,但西方媒体报道较少的内容。电视台在报道选题方面的另一大亮点是不回避敏感问题。该电视台在报道中毫不避讳全球财经丑闻、恐怖主义等敏感问题,甚至对国内的敏感问题也不予隐藏。2011 年俄罗斯爆发大规模的反普京游行,“今日俄罗斯”电视台全程跟踪报道了此次抗议活动。这种直面问题的态度受到了大量受众的认可和喜爱。在报道内容的处理上,电视台借助各分支机构的本地编播人员对新闻素材进行处理,确保节目内容既能反映俄罗斯的立场与观点,维护俄罗斯国家利益,又符合当地受众的接受习惯。在内容的呈现方式上,“今日俄罗斯”电视台放弃了西方媒体惯用的批判和怀疑的报道方式,转而使用全方位客观真实呈现的方式,这种呈现方式给受众留出了更多的思考空间,同时还经常在报道中提出不同于西方媒体的观点,彰显内容的独特性。这些做法都极大地吸引了受众的注意力,为扩大电视台的受众范围及影响起到了积极作用。

三、充分利用各大新媒体平台

"今日俄罗斯"电视台成立之初就非常重视网络平台建设,电视台官网(www.rt.com)在多年的发展历程中不断完善,功能版块数量不断增加。目前在电视台官网上不仅可以看到各类新闻资讯、分析评论、人物采访等内容,还能看到各类专题节目,包括纪录片、访谈、脱口秀等。电视台官网还提供了电视节目直播时刻表和观看链接,方便受众通过网页观看电视节目直播。为了方便不同国家和地区的受众,官网还设计了多语言界面,目前包括英语、俄语、德语、法语、西班牙语和阿拉伯语6种语言。电视台官网还提供了旗下各资讯和视频网站的链接,用户可以通过它们访问"今日俄罗斯"电视台旗下主要分支机构的资讯内容。官网还整合了"今日俄罗斯"商城,用户可以在这一版块买到电视台周边产品,如T恤、帽子、鞋等。官网成为"今日俄罗斯"电视台的又一大网络传播平台,和电视节目相比,官网的信息更加丰富,还能摆脱时空限制,因此该网站在用户中大受欢迎,近年来官网的每月浏览量超过300万人次。

除了官网之外,"今日俄罗斯"电视台还积极通过其他网络平台、社交媒体平台和移动终端提供信息内容,实现同一新闻内容的跨平台传播。2008年"今日俄罗斯"电视台在谷歌公司旗下的视频分享网站YouTube上开设了首个账号,开始在YouTube平台上分享视频新闻内容。仅仅用了3年时间,到2011年该账号的订阅用户数量就达到了1.65亿,内容总浏览量达4.65亿次,这一数据甚至远远超过BBC、CNN等西方主流媒体的YouTube账号。2013年"今日俄罗斯"电视台的YouTube账号内容浏览量超过了10亿次,3年后超过了40亿次,内容浏览量的指数级提升说明世界各国受众对"今日俄罗斯"电视台及其节目内容的认可与喜爱。2014年3月,"今日俄罗斯"电视台与YouTube达成合作,建立了一个专门分区用来投放新闻报道、纪录片和电视专题片等内容,这也开创了俄罗斯媒体和 YouTube 合作的先例。但由于“今日俄罗斯”电视台播出的内容在政治立场和意识形态等方面与西方主流媒体有明显区别，YouTube 平台上投放的节目也不乏批评西方的内容，因此“今日俄罗斯”电视台的账号也曾数次遭到封禁，但高质量的内容和成功的运营还是让该账号成功保留下来并使自身影响不断扩大。除了 YouTube 平台外，“今日俄罗斯”电视台还积极利用社交媒体提升自己的影响力，目前电视台在 Facebook、Instagram、Twitter 等国际性社交媒体，以及在俄罗斯及其他独联体国家更受欢迎的 VK、Live Journal 等平台上都拥有官方账号，且均积累了相当数量的受众。随着移动互联网技术的普及，“今日俄罗斯”电视台也紧随趋势开发了自己的移动终端应用，用来抢占规模更大的国际市场。网络和移动平台的跟进让电视台实现了同一内容的跨平台传播，使内容的影响范围大幅度扩大，特别是社交媒体账号的积极活跃和移动终端的上线帮助“今日俄罗斯”电视台迅速抢占了西方国家的移动互联网市场，对于巩固和扩大自身影响力起到了积极的推动作用。

四、建设多元化、年轻化、本土化的人才队伍

“今日俄罗斯”电视台在做好新闻报道和内容推广的同时，也在人才培养方面下足了功夫，制定了多元化、年轻化、本土化的人才选拔任用机制。在选拔标准上，一切以电视台的未来发展需求为导向，择优录用。加上俄罗斯政府给予电视台相对宽松的政策环境，使其可以根据自身需要选拔和任用人才，因此在十几年的发展进程中“今日俄罗斯”电视台逐渐培养起来一支由拥有不同知识背景和专业技能的人才组成的员工队伍。按需录用、择优录用的原则保证了电视台员工的整体素质和专业水平。“今日俄罗斯”电视台还着重关注人才队伍年轻化，电视台总编辑玛格丽塔·西蒙尼扬上任时年仅 25 岁，电视台整个员工团队的平均年龄不超过 30 岁。人才队伍的年轻化建设使“今日俄罗斯”电视台拥有更高的新闻敏锐度，能更快地感知新闻热点和科技发展。此外，“今日俄罗

斯”电视台主要面向海外受众，为了更好地满足世界各地受众的不同需要，电视台注重人才队伍的多元化建设。电视台开播之初的300余名员工中有100多名是外籍员工，后来随着海外记者站网络的逐步建立，外籍员工，特别是分支机构所在地员工的比例持续提高，尤其是在美国，报道美国国内新闻的员工几乎全部拥有美国国籍。这样可以在一定程度上消弭受众对俄罗斯媒体及内容的抵触情绪，便于增强传播效果。“今日俄罗斯”电视台还不惜重金聘请国外知名主持人、编辑等参与节目制作和播出，以此来提升节目的可信度，增加吸引力。

在以上四方面传播政策的共同作用下，“今日俄罗斯”电视台的影响范围不断扩大，受众数量不断增加，认可度不断提高，已逐步成长为新时期俄罗斯国际传播体系的重要支柱，成为在海外发出俄罗斯声音的重要平台。

第四节　俄罗斯文化的对外传播

俄罗斯文化历史悠久、源远流长，自公元9世纪末基辅罗斯时代起经历了1200多年的漫长发展历程，先后经历了基辅罗斯、鞑靼-蒙古入侵、莫斯科公国、沙皇俄国、俄罗斯帝国、苏联和俄罗斯时期等若干个发展阶段，在漫长的历史进程中俄罗斯民族形成了自己独特的文化，在文学、音乐、绘画、雕塑、建筑等诸多领域留下了数不胜数的精品佳作，历史上也曾走出过普希金、托尔斯泰等文学大师和门捷列夫、巴甫洛夫等著名学者。但在目前西方主导的国际格局中，以美国文化为代表的西方文化处于强势地位，而俄罗斯文化则相对弱势，加上乌克兰危机爆发以来西方对俄罗斯的妖魔化阐述让俄罗斯的国际形象进一步受损，俄罗斯文化在全球范围内的影响力也大打折扣。在这种情况下俄罗斯要重塑大国形象，除了要在西方的制裁和打压中恢复并提升综合国力之外，更需要借助现有的国际传播体系加强俄罗斯文化的对外传播。

俄罗斯借助国际传播体系进行文化传播的主要渠道有两个：一是建立主要

致力于文化推广的国际传播平台,二是利用现有国际传播平台开展国际传播。建设专门平台的优势在于可以集中力量进行文化传播,但这样做的代价是需要消耗较多资源,因而俄罗斯在对外文化传播中常常将两种渠道结合起来使用。

一、文化传播平台"透视俄罗斯"

新时期俄罗斯国际传播体系中专门致力于文化传播的平台并不多,其中最具代表性的是"透视俄罗斯"(Russia Beyond)。"透视俄罗斯"是非营利性组织"TV-新闻"策划的一个国际多媒体项目,创建于 2007 年,最初的名称是"透视俄罗斯头条"(Russia Beyond the Headlines,或 RBTH),2013 年改革后启用"透视俄罗斯"一名并沿用至今。项目策划方"TV-新闻"是由俄罗斯官方媒体《俄罗斯报》出资的自主非营利性组织。该项目以纸质增刊和网络专刊的形式向世界其他国家介绍俄罗斯的历史、文化、科技、教育、日常生活等诸多方面内容,目前"透视俄罗斯"已发展成拥有俄语、英语、西班牙语、葡萄牙语、法语、德语、印度尼西亚语、日语、意大利语、马其顿语、塞尔维亚语、斯洛文尼亚语、克罗地亚语、保加利亚语等 15 种语言,面向世界多个国家的国际性网络传播平台。

"透视俄罗斯"的宗旨是让世界各国人民更好地了解俄罗斯,为此内容创作者和编辑们努力地寻找关于俄罗斯文化、历史、科技以及日常生活等各方面的有趣线索,并将其加工成新闻内容予以投放。相比政治、经济、军事等硬实力相关内容,这些内容往往容易被西方国家媒体忽略而较少受到关注,"透视俄罗斯"发布的内容极大地丰富了国外观众对俄罗斯的认知。用"透视俄罗斯"主编布里亚(В. Пуля)的话说,"透视俄罗斯"的宗旨是向受众展示俄罗斯国家和社会生活中那些经常被外媒忽视的层面,让其他国家的受众对俄罗斯这个国家本身感兴趣,让受众更加了解俄罗斯。

(一)全方位展现当代俄罗斯文化

为了实现上述宗旨,"透视俄罗斯"从内容定位、受众分析、内容呈现、组织架构等多方面入手,努力打造以推广俄罗斯语言文化、塑造和改善俄罗斯国家形象为主要任务的国际化多媒体传播平台。在内容定位上,“透视俄罗斯”始终坚持把客观、真实、全面地向海外受众展示俄罗斯国家和社会生活的方方面面作为自己的首要任务。秉承这样的内容定位,“透视俄罗斯”积极开展与海外媒体的合作,在美国《纽约时报》《华尔街日报》、英国《每日电讯报》、西班牙《费加罗报》、意大利《共和报》、日本《每日新闻》等39种知名报纸上均开辟“透视俄罗斯”专栏,将俄罗斯文化和社会生活相关内容传播给世界上30多个国家的读者。同时“透视俄罗斯”旗下还有20余个新闻网站,来自全球各地的受众可以通过不同语言的新闻网站了解俄罗斯文化、教育、科技、日常生活等方面的信息。虽然“透视俄罗斯”是由俄罗斯官方媒体《俄罗斯报》提供资金支持,其最终资金来源是俄罗斯联邦预算,但“透视俄罗斯”所呈现的内容并没有像很多官方媒体一样有明显的倾向性,甚至从创刊之初对俄罗斯本国就秉承着相对冷静和批判的态度。对于这种做法,“透视俄罗斯”主编布里亚解释说,他们不希望诱导受众,也不想把俄罗斯的观点强加给受众,他们要做的是让受众被俄罗斯国家本身的魅力所吸引,因此始终秉承全面、真实、客观的内容定位,不会有意识地进行有利于俄罗斯的议程设置,力求做到不加修饰地客观呈现俄罗斯文化和社会生活。

(二)多渠道进行受众调查

作为面向海外受众群体的多媒体传播平台,明确受众的需求是“透视俄罗斯”实现精准传播的关键所在。“透视俄罗斯”采用了不同的方法:首先是在线测评法,利用GA、Chartbeat等网络测评工具分析受众的需求和喜好。此外还使用个人代表法,即从受众中选择五个典型代表,他们来自不同的国家,有不同的职业背景和个人喜好,编辑人员根据所选的五个典型代表分析要投放的内容是否符合他们的期待和需求。通常情况下当一个内容至少满足两个以上典型代表需求的时候才会被投放。在受众需求调查结果的基础上,“透视俄罗斯”根据不同国家、不同平台受众的特点有的放矢地投放内容。如英国读者最感兴趣的是沙俄时期的皇室家族故事；日本读者对俄罗斯的花样滑冰更感兴趣，甚至标题带有利普尼茨卡娅（俄罗斯著名花样滑冰运动员）的内容点击量会成倍增加；而印度、印度尼西亚及一些拉美国家最感兴趣的则是俄罗斯的武器装备，如飞机、坦克、步枪等。"透视俄罗斯"根据不同国家受众的喜好，有目的地投放相关内容，收到了良好的效果。平台差异同样是"透视俄罗斯"进行内容投放时关注的重点，"透视俄罗斯"内容的投放平台主要有纸质增刊和新闻网站两类，而纸媒的读者和浏览新闻网站的用户同样具有不同特点。"透视俄罗斯"总编布里亚分析说，增刊吸引读者主要靠内容本身与读者的兴趣需求契合程度以及合理的呈现方式，而浏览新闻网站的用户则对俄罗斯文化、旅游、经济等方面抱有浓厚的兴趣。

（三）内容呈现遵循"3E"原则

由于受众特征千差万别，为了达到更好的传播效果，要避免内容呈现方式的同质化。"透视俄罗斯"提出了内容呈现的"3E"原则，即 explain（解释）、educate（教育）、entertain（娱乐）。"3E"原则对标的是英国广播公司的内容呈现原则，其中后两项与其相同，只是将第一条原则由 inform（通知）变成了 explain（解释），从这点区别中也可以看出"透视俄罗斯"和英国广播公司在内容呈现方式上的区别。由于团队内部能够直接用外语进行内容生产的人员较少，"透视俄罗斯"无法推出大量快速更新的内容，尤其是在纸质增刊中更是如此。在这种情况下，"透视俄罗斯"转向了对即时性要求不高的内容，此外，大量使用多媒体内容呈现形式，为用户提供更加丰富和友好的体验。"透视俄罗斯"不仅在体裁上下功夫，对语言同样一丝不苟。"透视俄罗斯"在内容生产方面还遵循以下原则：不能使用外国读者看不懂的词汇和概念，尽量把所有概念和事实解释清楚，在涉及冲突性问题时至少提供两种观点，将观点和事实分开呈现，等等。严格的品控措施保证了"透视俄罗斯"在纸媒和新闻网站上都能输出符合目标受众需求和兴趣的高质量内容,这也是达到该项目预期目的的必然选择。

(四)高效的编辑管理团队

“透视俄罗斯”能精准输出如此高质量的内容,依靠的是一支高效的编辑和管理团队。“透视俄罗斯”的编辑管理体系由两个层次组成——中央编辑部和地区编辑部。中央编辑部由10名编辑组成;地区编辑部分布在世界不同国家,每个地区编辑部由2—5名编辑组成。“透视俄罗斯”采取自上而下的编辑工作模式:中央编辑部的编辑自行撰写内容,或由专门作者负责撰写内容并进行编辑,编辑之后会根据不同地区受众的需求分发到各地区编辑部。地区编辑部对这些内容进行二次加工、包装和整合,在必要的时候还会补充新的内容,最终成稿并与当地受众见面。由于每个地区受众的特点不同,相应地,每个地区的稿件组成和头版头条也不尽相同,这也是“透视俄罗斯”的一大特色。中央编辑部的编辑绝大部分是俄罗斯人,最终的外语稿件则是由外聘的翻译负责完成的,在内容投放之前还会聘请所在国的母语使用者作为客座编辑对译稿进行审校和调整。这样一套完整的编辑管理体制保证了内容生产的质量,“透视俄罗斯”对受众的吸引力和影响力也随之提高。

此外,“透视俄罗斯”在Facebook、Instagram、Linkedin、Twitter等国际社交平台上开设了账号并拥有较为稳定的订阅用户群。尽管被西方指责为俄罗斯政府的外宣工具,但“透视俄罗斯”凭借着高质量的内容和个性化的传播策略为俄罗斯文化的海外推广做出了积极贡献,对俄罗斯塑造大国形象起到了一定的助力作用。

二、俄罗斯文化的引领者——“俄罗斯-文化”频道

“俄罗斯-文化”频道是以展示俄罗斯文化和社会生活为主要内容的频道,隶属于俄罗斯国家广播电视公司,开播于1997年,节目语言为俄语。该频道由

政府支持,频道创建人有著名的文化学者、知识分子代表德米特里·利哈乔夫、姆斯蒂斯拉夫·罗斯特罗波维奇等多名文化艺术界知名人士。频道覆盖范围除了俄罗斯之外还包括白俄罗斯、哈萨克斯坦、亚美尼亚等独联体加盟国。“俄罗斯-文化”频道播出的内容涉及俄罗斯文化和社会生活的诸多方面,包括音乐、绘画、戏剧、文学、电影、宗教、科学、教育等,此外该频道还向观众介绍世界各国的历史、文化、建筑等。该频道的一个鲜明特征是全时段无商业广告,这样可以最大限度地保证将尽可能多的资源用于文化传播。

“俄罗斯-文化”频道的发展可以分为四个阶段:第一阶段为1997—2001年,频道尚未实现全时段播出,且由于投资不足、自主节目生产较少等原因,这一阶段播出的节目多为俄罗斯广播电视节目库的库存节目以及俄罗斯国家广播电视公司旗下其他电视台播放过的节目。第二阶段为2001—2006年,这一时期TV-6原负责人波诺马廖夫(А.Пономарёв)成为频道负责人,在他的改革之下频道的面貌发生了很大改变,随着团队的进一步完善,频道播出的节目质量显著提高。从2001年起频道开始与欧洲新闻(Euronews)俄语频道合作,定期播出欧洲新闻出品的节目。这一阶段的播出时间也发生了变化,从2002年起频道覆盖的所有时区的节目均改为当地时间上午10点开播,这也大大方便了不同地区的观众收看频道的节目。第三阶段为2006—2009年,这一时期的电视台负责人是帕乌霍娃(Татьяна Паухова),频道的整体面貌基本维持了前一阶段的状态,只是在特定时段增加了儿童频道Bibigon的相应节目。第四阶段为2010年至今,频道的负责人由俄罗斯电视学院院士、媒体经理、影视制片人、影评人、导演、全俄国家电视广播公司副总经理舒马科夫(Сергей Шумаков)担任。这一时期频道在节目内容、播出时间、团队建设等各方面都发生了变化。2012年,根据《俄罗斯联邦关于防止儿童接触有害健康发展信息的法令》,频道对播出的大部分节目做出了年龄限制;出于财政状况和节目安排的考虑,频道进行了小范围的人员缩减,之前播出的部分节目也遭停播。2020年新冠疫情暴发后,随着文化场所接连关闭,频道节目也受到了较大影响,很多节目被迫停播，为了巩固和维持频道运营，文化新闻、脱口秀、纪录片等节目被转移到新成立的媒体平台“我们看”上，并且与“俄罗斯-1”和“俄罗斯-24”两个频道的节目整合，利用网络平台继续履行文化传播职能。

作为面向俄罗斯国内及其他独联体国家的文化传播平台，“俄罗斯-文化”频道对弘扬俄罗斯文化、加强各独联体加盟国间的文化联系起到了积极的作用，在20多年的发展过程中，节目内容不断丰富和完善，人才队伍不断优化，尽管遭遇了全球金融危机、新冠疫情等困难，但频道依然坚持着用不同方式维持运营和发展。“俄罗斯-文化”频道的内容在俄罗斯国内和独联体加盟国中引起了不错的反响，但由于覆盖范围小、语种单一，“俄罗斯-文化”频道的文化传播效果只能在局域内有所体现，从全球范围看，特别是在西方意识形态和文化霸权覆盖的大部分地区仍无能为力。

三、“今日俄罗斯”电视台的文化传播

在广域全球文化传播方面，俄罗斯依靠的依然是自己的主要国际传播平台——“今日俄罗斯”电视台(RT)。“今日俄罗斯”电视台虽然是以信息资讯和政治经济内容为主的电视台，文化内容在电视台播出节目中的占比不高，只是在滚动播出的新闻中偶有出现，电视台进行文化传播与推广主要借助于网络平台。“今日俄罗斯”电视台各语种官网上都有专门的文化专栏，用于播报俄罗斯文化界近期的新闻，用户可以通过文化专栏了解俄罗斯音乐、美术、戏剧、文学、教育、历史等领域的最新动态。相比政治、经济类新闻，文化专栏中的内容意识形态倾向性较弱，批判西方的内容也相对较少，因此更容易被广大受众尤其是西方受众接受。“今日俄罗斯”电视台借助官网上的文化专栏向世界各国受众传播俄罗斯的历史、文化。此外，电视台还利用各大社交媒体平台上的官方账号发布文化领域的内容，增加社交账号内容的多样性和丰富性。

“今日俄罗斯”电视台通过网络平台进行文化传播的另一个成功做法是在

电视台多语种官网上推出各种专题项目。例如“今日俄罗斯”电视台英语官网推出的 ROMANOVS 100 项目，是一个大型数字照片体验项目，该项目集中展示了俄罗斯罗曼诺夫王朝最后几十年中拍摄的数千张照片，通过真实的照片来还原罗曼诺夫王朝覆灭前的一段历史，包括 19 世纪末期的皇室生活、世纪之交的政治斗争以及罗曼诺夫王朝的最终覆灭。从 2022 年 4 月 8 日到 7 月 17 日这三个多月的时间里，“今日俄罗斯”电视台联合 Facebook、Instagram、Youtube、Twitter 等多家社交媒体及其他网络平台，以各具特色的方式，用真实的照片还原这段历史。此外“今日俄罗斯”电视台还使用 AR 相册、VR 动画还原等新技术手段向受众展示这些珍贵的照片。该项目一经推出便引起了各国网络用户的强烈反响，珍贵的历史资料和各平台独具特色的叙事手段让受众更加了解俄罗斯历史上最后一个封建王朝末期的风貌。除此之外，“今日俄罗斯”电视台多语种官网还推出了关于“二战”、十月革命等俄罗斯历史的专题项目，这些项目也受到了广泛关注。“今日俄罗斯”电视台推出的以历史和文化为主要内容的专题项目，凭借真实有趣的内容、丰富多彩的呈现形式以及多平台、多渠道的运作模式在海外受众中引起了强烈反响，收到了不错的反馈。这也是俄罗斯在全球范围内进行文化传播的一次成功尝试。

总体来看，当前时期俄罗斯文化的国际传播仍处在探索阶段，无论是建立专门的文化传播国际平台，还是利用现有的国际传播平台进行文化传播，都取得了一定的成效，但距离俄罗斯总统制定的目标还有很长一段路要走。俄罗斯在实现民族复兴、重塑大国形象的过程中一方面遭受着西方的重重封锁和打压，另一方面还要解决国内积蓄已久的诸多问题，在这样复杂的环境下，需要不断完善现有的国际传播体系，提升俄罗斯国际传播的效率和影响力，尤其是以文化传播作为国际传播的突破口，提升俄罗斯文化的国际知名度，这样才能逐步在西方主导的国际传播体系中争夺话语权，改善俄罗斯国家形象，最终走上复兴之路。

思考与练习

1.俄罗斯国际传播体系经历了哪几个发展阶段？每一阶段的突出特征是什么？

2.新时期俄罗斯国际传播体系由哪些成分构成？

3.“今日俄罗斯”电视台在国际传播中采取了哪些传播策略？

4.举例说明俄罗斯通过哪些途径和方法进行文化的国际传播和推广。

5.对比美国有线电视新闻网和“今日俄罗斯”电视台官网上的两篇报道，简述“今日俄罗斯”电视台与西方同类国际传播平台国际传播策略的区别。

后　记

“俄罗斯大众传媒与文化”是一个较为复杂的研究领域，其时间跨度长，内容庞杂。由于时间和精力所限，我感觉对本书的写作意犹未尽，很多内容未能纳入其中，很多思考还未能深入，但无论如何，本书是在俄罗斯大众传媒与文化研究道路上的一次有益的探索与尝试。

感谢曹璐教授。曹老师是我的博士研究生导师，她一直关心我的工作、生活和成长，不仅是我学业上的导师，更是生活中的导师。她积极乐观的生活态度深深地影响着我。在本书的写作过程中，曹老师常常为我指点迷津，给予我极大的鼓励。感谢我的同学田冰，他在莫斯科为我提供了很多一手资料，提出了很多建设性的意见。我的学生也是我的同事赵重刚老师为本书的写作搜集了大量的资料，并撰写了前几章的初稿。感谢刘秀文老师为我提出的宝贵意见。感谢编辑张继媛老师为本书进行细致的校对工作，她认真、负责、专业的态度给我留下了深刻的印象。感谢文春英院长的帮助和积极推动，使得本书可以顺利出版。感谢我的父母和家人，他们无私的关爱和包容是我前行的动力。

由于理论水平和资料掌握的局限,笔者对书中所涉及的很多内容未能进行深入探讨和研究,但笔者力求形成科学、辩证、包容、发展的研究视野,这也是我一直遵循的学术研究原则。本人也将以本书为起点,在俄罗斯大众传媒与文化研究领域继续深耕。

谢　飞

2024 年 9 月于北京